对外汉语人俱乐部

汉语教师志愿者选拔考试培训指定用书

国际汉语教师

— 志愿者选拔培训教程 —

A Course Book for the Selection of Volunteer Chinese Teachers

李鹤鸣　张淑男　主编

北京大学出版社

图书在版编目（CIP）数据

国际汉语教师志愿者选拔培训教程 / 李鹤鸣，张淑男主编 . —北京：北京大学出版社，2020.6
ISBN 978-7-301-31150-9

Ⅰ.①国… Ⅱ.①李…②张… Ⅲ.①汉语 – 对外汉语教学 – 师资培训 – 教材 Ⅳ.①H195.3

中国版本图书馆 CIP 数据核字 (2020) 第 025806 号

书　　名	国际汉语教师志愿者选拔培训教程 GUOJI HANYU JIAOSHI ZHIYUANZHE XUANBA PEIXUN JIAOCHENG
著作责任者	李鹤鸣　张淑男　主编
责任编辑	孙艳玲　宋立文
标准书号	ISBN 978-7-301-31150-9
出版发行	北京大学出版社
地　　址	北京市海淀区成府路 205 号　100871
网　　址	http://www.pup.cn　新浪微博：@北京大学出版社
电子信箱	zpup@pup.cn
电　　话	邮购部 010-62752015　发行部 010-62750672　编辑部 010-62753374
印　刷　者	三河市博文印刷有限公司
经 销 者	新华书店
	889 毫米 ×1194 毫米　大 16 开本　10.5 印张　269 千字 2020 年 6 月第 1 版　2020 年 6 月第 1 次印刷
定　　价	120.00 元（含在线课程、配套资源）

未经许可，不得以任何方式复制或抄袭本书之部分或全部内容。
版权所有，侵权必究
举报电话：010-62752024　电子信箱：fd@pup.pku.edu.cn
图书如有印装质量问题，请与出版部联系，电话：010-62756370

序

想出国教汉语，不知道该如何申请？

收到汉语教师志愿者选拔考试通知，不知道该如何备考？

作为一名即将出国任教的汉语老师，不知道该掌握哪些基本知识和技能？

……

你选对了！这本《国际汉语教师志愿者选拔培训教程》可以为你答疑解惑！

历经三年多的策划与筹备，这本《国际汉语教师志愿者选拔培训教程》终于和大家见面了！这是由对外汉语人俱乐部出品的第四本国际汉语教师培训教材。在这里，我要向本书的编者们、北京大学出版社汉语编辑室的老师们以及在本书出版过程中为我们提供过帮助的朋友们表示衷心的感谢！

对外汉语人俱乐部一直致力于为国际汉语教师提供职业发展服务，截至目前，对外汉语人俱乐部已经为累计超过10000人提供过对外汉语职业发展咨询服务，其中，出国任教相关问题在咨询中最受关注。

提到出国任教，一个非常重要的途径就是申请成为国际汉语教师志愿者。那么，如何才能帮助大家更高效地申请国际汉语教师志愿者项目，进而通过志愿者选拔考试呢？对外汉语人俱乐部邀请了多位国际汉语教师志愿者开设直播课程介绍自己的海外教学经历，同时对汉语教师志愿者选拔考试历年真题进行了分析和研究，在此基础上，开设了国际汉语教师志愿者选拔考试培训课程。做完这些工作之后，我们觉得编写一本接地气的培训教程很有必要，所以这本《国际汉语教师志愿者选拔培训教程》就应运而生了。

值得一提的是，本教程与网络课程配合紧密，读者可以从书中直接扫码学习很多电子版内容，非常方便。大家在学习的过程中遇到任何问题，还可以随时到对外汉语人俱乐部网络学习平台（www.jiaohanyu.com）上和老师们交流互动。

对外汉语人俱乐部诞生于2008年，到现在已经为大家服务整整11年了。11年来，对外汉语人俱乐部全平台访问量超过2000万次，已经成为业内颇具影响力的网络服务平台。11年来，对外汉语人俱乐部网店上架图书超过1200种，基本实现国际汉语主流教材和参考书全覆盖。11年来，对外汉语人俱乐部累计帮助超过2000位汉语教师成功出国学习或就业。2019年，我们上线了对外汉语人俱乐部网络学习平台3.0版，为用户提供更优质的对外汉语课程资源以及更便捷的学习体验。当初我创办这个平台，就是想帮助国际汉语老师们解决在职业发展过程中遇到的种种问题，我们会和大家一起加油！不忘初心，继续努力！

苟日新，日日新，又日新。我们衷心希望各位读者朋友能够以这一国际汉语教师的"出国考试"为契机，夯实专业基础，提高教学能力，更新教学理念，不仅能够走上讲台，而且能够站稳讲台！

对外汉语人俱乐部期待和有创新精神且乐于分享的国际汉语教师们一起，推出更多优质的产品和服务，为国际汉语教师提供职业发展新平台，为国际汉语教育事业做出新贡献！

李鹤鸣

对外汉语人俱乐部创始人

liheming@jiaohanyu.com

前言

汉语教师志愿者项目是中国为帮助世界各国解决汉语师资短缺问题而专门设立的志愿服务项目。该项目由中国教育部下属的非政府机构孔子学院总部/国家汉办首先根据国外需求委托有关省、自治区、直辖市教育厅（教委）组织志愿者招募，然后对符合条件的推荐人进行统一的选拔考试和培训，最终确定录取人选。

汉语教师志愿者选拔考试包括综合能力面试（含教学能力、应变能力、中华才艺等）、外语面试、心理测试三部分。为帮助广大考生全面了解汉语教师志愿者项目与选拔考试，并高效备考，对外汉语人俱乐部多年来一直致力于相关培训课程的研发与改进，并在这个过程中积累了大量的实用、珍贵并经过实践检验的培训材料。承蒙北京大学出版社厚爱，帮助我们将这些材料加工整理为《国际汉语教师志愿者选拔培训教程》出版，希望可以帮助到更多需要帮助的人。

本书由对外汉语人俱乐部创始人李鹤鸣老师、内容总监张淑男老师主编，由俱乐部汉语教师志愿者选拔考试培训团队主讲教师共同执笔。他们或为优秀的一线国际汉语教师，或为优秀的归国志愿者。书中，一方面对汉语教师志愿者项目以及选拔考试的各个环节进行了详细解析，并结合历年真题，讲解应试方法和技巧，以帮助考生顺利通过考试，实现赴外教学的梦想；另一方面，又不仅仅是应试辅导，所涉及的如何说课试讲、如何应对教学组织与课堂管理中的突发状况、如何处理跨文化交际中的问题等内容，对切实提高国际汉语教师的教学能力以及综合素质都具有非常重要的意义。

从内容框架上讲，本书切实从考生的实际需求出发，分为申请篇、学习篇与赴任篇三大部分。其中申请篇首先从项目概况、项目申请以及常见问答三个方面，详细阐述了汉语教师志愿者项目，然后通过经验分享的形式对汉语教师志愿者选拔考试进行了比较全面的介绍，同时给出了备考建议。学习篇是本书的重点内容，共包含八章，分别从自我介绍与面试技巧、汉语拼音与汉字书写、近义词辨析、句子偏误分析、说课、试讲、问答以及中华才艺等方面，对汉语教师志愿者选拔考试尤其是综合能力面试部分进行了详细的解析。这部分内容秉承培训课程"科学严谨、通俗易懂、讲练结合、注重实用"的理念，严格按照选拔考试流程编排章节，按照选拔考试具体要求撰写内容；尽量使用口语化的语言风格讲解专业知识，并力求结合实例讲解具体内容和方法；讲练结合，完全从实用性角度，手把手指导考生应对选拔考试各个环节，同时也切实帮助考生积累专业知识，提升教学能力，帮助他们真正走上国际汉语教学之路。最后一部分赴任篇也是本书的一大特色内容，分别从国家概况、孔子学院及相关教学情况、赴任前应该做哪些准备等方面整理了一些国家的赴任信息，并以在线电子资料的形式分享给读者，帮助大家提前了解、熟悉相关情况，以更好地适应赴任地的工作与生活。同时，我们也非常欢迎各位考生在成功赴任之后，继续帮助我们丰富这部分内容。

本书从策划、编写到付梓，能够如此圆满、顺利，首先要感谢长久以来一直与我们一道耕耘在一线的优秀培训教师团队成员：卢星老师、刘永鲁老师、邢力钶老师、张一萍老师、龙江燕老师和赵炳国老师。我们因课程结缘，但却更因对国际汉语教育事业的热爱而志同道合、携手共进。其次要感谢对外汉语人俱乐部创始人李鹤鸣老师对我本人以及团队工作的信任与支持，与我们一起努力开拓并精益求精。同时，更要感谢北京大学出版社宋立文副编审以及责任编辑孙艳玲老师的指导与帮助，是他们独到的眼光、严谨的工作态度，最终促成了本书的面世。

因篇幅与编写时间限制，本书肯定还有未全面覆盖到的内容，书中也一定还存在一些差错和不足，在后续工作中，我们会不断修正和改进。我们也诚挚恳请专家同人和广大读者批评指正，在此一并提前表示衷心感谢。

张淑男

对外汉语人俱乐部内容总监

zhangshunan@teachingchinese.net

目 录

申请篇

第一章 汉语教师志愿者项目 ... 3
- 第一节 项目概况 / 3
- 第二节 项目申请 / 5
- 第三节 项目常见问答 / 7

第二章 选拔考试知多少 ... 11
- 第一节 汉语教师志愿者选拔考试介绍 / 11
- 第二节 汉语教师志愿者选拔考试备考指南 / 12
- 第三节 汉语教师志愿者选拔考试经验分享 / 15

学习篇

第三章 自我介绍与面试技巧 ... 25
- 第一节 自我介绍的中文表达 / 25
- 第二节 自我介绍的英文表达 / 27
- 第三节 面试礼仪及常见问题 / 31

第四章 汉语拼音与汉字书写 ... 35
- 第一节 汉语拼音拼写规则 / 35
- 第二节 汉字书写 / 45

第五章 近义词辨析 ... 49
- 第一节 近义词辨析的角度 / 49
- 第二节 近义词辨析实例展示 / 54

第六章 句子偏误分析 ... 63
- 第一节 偏误的常见类型 / 63
- 第二节 偏误实例分析 / 65

第七章 说课 ... 75
- 第一节 什么是说课 / 75
- 第二节 志愿者选拔考试说课综述 / 76
- 第三节 志愿者选拔考试说课范例 / 78

第八章 试讲 ... 81
- 第一节 什么是试讲 / 81
- 第二节 审题 / 82
- 第三节 语言点试讲的方法与技巧 / 83

第四节　词汇试讲的方法与技巧 / 96
　　第五节　课堂活动设计 / 100
　　第六节　板书设计 / 102
　　第七节　试讲中的课堂问题及应对策略 / 104
　　第八节　语言点试讲实例展示 / 106

第九章　问答 ... 117
　　第一节　课堂管理类问题 / 117
　　第二节　中华文化类问题 / 119
　　第三节　跨文化交际类问题 / 123
　　第四节　主题活动类问题 / 126
　　第五节　中国基本国情类问题 / 136
　　第六节　海外工作中的应急应变类问题 / 147

第十章　中华才艺 ... 151
　　第一节　中华才艺概述 / 151
　　第二节　汉语教师志愿者的岗位需求 / 152
　　第三节　选拔考试中的中华才艺 / 154

赴任篇

扫码阅读

申请篇

编著者／主讲教师：

李鹤鸣

张淑男

内容提要

　　申请篇首先从项目概况、项目申请以及常见问答三个方面，详细阐述了汉语教师志愿者项目，然后通过经验分享的形式对汉语教师志愿者选拔考试进行了比较全面的介绍，同时给出了备考建议。

李鹤鸣

　　对外汉语人俱乐部创始人，世界汉语教学学会会员，长期从事汉语国际教育行业项目咨询工作，创办对外汉语人俱乐部国际中文教育网络学习平台、国际中文教育人才网等，策划出版《国际汉语教师证书》考试培训教材多部。

座右铭

长风破浪会有时，直挂云帆济沧海。

联系方式

liheming@jiaohanyu.com

张淑男

　　北京语言大学课程与教学论（对外汉语方向）硕士，对外汉语人俱乐部《国际汉语教师证书》考试研究中心负责人、内容总监，累计培训国际汉语教师超过 3000 人，策划出版《国际汉语教师证书》考试培训教材多部。

座右铭

一分耕耘一分收获。

联系方式

zhangshunan@teachingchinese.net

第一章
汉语教师志愿者项目

第一节 项目概况

一、什么是汉语教师志愿者项目？

为了积极推广汉语，提高世界汉语教学水平，促进汉语和中国文化的传播，加深中国与世界各国的相互了解，增进世界各国人民间的友谊和交流，中国孔子学院总部／国家汉办启动了汉语教师志愿者项目。该项目是为适应当前世界汉语教学蓬勃发展的形势需要，利用我国作为母语国的汉语人力资源优势，向世界有需求国家提供汉语师资的措施之一。

孔子学院总部／国家汉办根据国外需求，委托有关省、自治区、直辖市教育厅（教委）组织汉语教师志愿者招募工作，符合条件的申请人需在汉语教师志愿者报名系统注册并填写报名材料，下载PDF版报名材料并提交到相关委托机构。委托机构根据招募要求组织初选，将推荐人选报至孔子学院总部／国家汉办，孔子学院总部／国家汉办组织统一选拔考试和培训，确定录取人选。

二、为什么要实施汉语教师志愿者项目？

孔子学院总部／国家汉办于2003年开始试点派出汉语教师志愿者，中国教育部于2004年3月26日开始实施"国际汉语教师中国志愿者计划"。为什么要实施汉语教师志愿者项目呢？首先，我们需要积极地推广汉语。中国已经真正地走向了世界，但是世界上学习汉语的人数还非常有限，我们需要积极地推广和传播，让更多外国人了解汉语、感知汉语、学习汉语。其次，我们要提高世界汉教学水平。每个国家汉语教学的实际情况不同，汉语教学水平也非常不一致，有些地区汉语教师的教学方法很落后，无法帮助当地学生很好地学习汉语。我们派出的汉语教师志愿者经过选拔和培训，是具备一定综合素质的汉语教师，可以帮助一些国家和地区提高当地汉语教学水平。另外，我们要促进汉语和中华文化的传播，加深中国与世界各国的相互了解，增进世界各国人民间的友谊与交流。可以说，每一位在海外执教的汉语教师志愿者就是一张中国名片，他们的一言一行代表着中国的形象。

三、汉语教师志愿者有哪些类型？

大体上说，汉语教师志愿者可以分为普通志愿者、孔院志愿者和海外志愿者三种类型。从国内选拔，派往国外大中小学、幼儿园等机构任教的志愿者是普通志愿者。从国内选拔，派往国外孔子学院、孔子课堂及辐射教学点任教的志愿者是孔院志愿者。从国外选拔，在中国驻外使领馆和当地孔子学院、孔子课堂任教的志愿者是海外志愿者。一般来说，大家主要是申请普通志愿者和孔院志愿者岗位。

在报名参加汉语教师志愿者项目时，首先应该了解汉语教师志愿者的类型，然后根据自己的实际情况选择具体岗位。需要注意的是，孔院志愿者原则上主要从海外孔子学院（课堂）的中方合作院校申请人中招募。

这里我们再简单介绍一下海外志愿者项目的情况。海外志愿者项目是为加强本土师资队伍建设，根据外方需求，孔子学院总部／国家汉办从海外当地中国留学生、海外华侨中招募志愿者就地上岗。海外志愿者只享受生活津贴，不享受其他待遇。成为海外志愿者应该符合以下条件：一是具有中国国籍和所在国合法居留身份；二是志愿从事汉语国际教育工作；三是具有奉献精神和团队协作精神，具有学士及以上学位，普通话标准；四是年龄原则上为22至50周岁，身心健康，无犯罪记录；五是具有良好的所在国语言沟通能力和跨文化交际能力；六是具有汉语教学经验和中华才艺特长者优先。需要注意的是，海外志愿者是一种特殊的志愿者项目，欲申请此项目的朋友请咨询国外当地孔子学院（课堂）或者跟国家汉办有合作关系的学校。

第二节 项目申请

本节内容我们向大家介绍孔子学院总部／国家汉办汉语教师志愿者项目的申请流程及注意事项。

一、什么时候可以报名参加汉语教师志愿者项目？

汉语教师志愿者报名时间根据具体申报的项目而定，孔子学院总部／国家汉办一般在项目要求赴任时间前的半年内发布招募通知，请关注孔子学院总部／国家汉办和选派单位的招募通知并及时报名。根据往年的经验，孔子学院总部／国家汉办一般会在每年十月和次年二月集中发布下一阶段汉语教师志愿者项目招募信息。

二、汉语教师志愿者项目的报名对象是哪些人？

汉语教师志愿者项目主要招募当年本科及以上应届毕业生、在读研究生、在职教师、退休教师及回国志愿者。一般来说，应届毕业生和在读研究生会比较容易申请，如果你已经毕业了且不是在职教师，那么申请汉语教师志愿者项目会比较困难，就算最后被选上了，也可能会因为你的毕业院校不给签协议而无法派出。当然，孔子学院总部／国家汉办的项目政策每年可能会有调整，各省市教育主管部门的政策也并不完全一致，不能一概而论。需要注意的是，并不是只有汉语国际教育专业的学生才能申请志愿者项目。再有，目前持有《国际汉语教师证书》没有和报名志愿者项目直接挂钩，也就是说，并不是持有《国际汉语教师证书》才能报名汉语教师志愿者项目。

三、汉语教师志愿者项目的报名条件有哪些？

一是具备良好的政治和业务素质，热爱祖国，志愿从事汉语国际教育工作，具有奉献精神，有较强的组织纪律性和团队协作精神，品行端正，无犯罪记录。这是对外派人员的基本要求。二是身体健康，具有良好的心理素质和适应能力。良好的心理素质对汉语老师在海外跨文化环境工作是非常重要的。汉语教师志愿者选拔考试有专门的心理测试，如果心理测试没通过，会被一票否决，无法申请志愿者项目。三是掌握汉语、中华文化、当代中国国情和教学理论基本知识，具备熟练的外语沟通能力和较好的跨文化交际能力、汉语教学能力，具有中华才艺特长。四是普通话达到二级甲等水平，赴亚非拉志愿者英语达到大学英语四级425分或相当水平，赴欧美志愿者英语达到大学英语六级425分或相当水平，或者熟练掌握赴任国语言。五是年龄原则上在22至50周岁之间。除满足以上基本条件之外，还需满足国别项目的具体要求，具体信息参看岗位信息表，志愿者教师赴任单位或孔院会提出一些具体的岗位要求。例如，有的岗位会对老师的中华才艺有较高要求，有的岗位会要求老师具备比较好的用当地语言进行跨文化沟通的能力等。孔子学院（课堂）岗位原则上由中方合作院校按照1：3比例推荐候选人。

一般来说，符合项目报名基本条件和岗位具体要求（可通过项目报名系统查询）才可以报名。需要注意的是，有优先考虑的情况，第一种是掌握赴任国语言，特别是非英语语种，第二种是汉语国际教育专业本科、硕士，第三种是持有《国际汉语教师证书》的申请人，第四种是品学兼优的在校学生干部。

四、汉语教师志愿者项目的报名程序是怎样的？

申请人要先登录"汉语教师志愿者项目在线管理平台"（http://vct.hanban.org），注册新用户，填写基本信息。然后，选择岗位，填写中、英文《汉语教师志愿者报名申请表》（以下简称《申请表》）和《汉语教师志愿者综合情况审核表》（以下简称《审核表》）并提交。之后，

图一 汉语教师志愿者项目在线管理平台网页截图

在线生成PDF版《申请表》和《审核表》，打印、本人签字后扫描上传。最后，申请人将签字版《申请表》《审核表》和学历学位证书（在读学生出具在读证明）、普通话等级证书、外语证书等材料复印件提交给所在学校国际交流处审核。

省教育厅（教委）或部属高校审核申请人资料后择优推荐给孔子学院总部／国家汉办。部属院校派出单位意见由派出学院签批，上级主管部门意见由学校主管部门签批；省属院校派出单位意见由派出学校主管部门签批，上级主管部门意见由所属省、自治区、直辖市教育厅（教委）主管部门签批。孔子学院总部／国家汉办综合评审后确定参加汉语教师志愿者选拔考试的人选。全部申请过程节点均会得到通知，申请人需关注汉语教师志愿者项目在线管理平台和注册邮箱通知，保持手机畅通。

申请人在网上报名填写资料时应把自己的优点尽可能地展示出来，比如吃苦耐劳、积极主动、表达能力不错等，最好写一些与志愿者或教师相关的经历，像支教、参加志愿服务活动、获得的相关奖项等。重要的是，不能作假，要实事求是！

第三节　项目常见问答

一、汉语教师志愿者要参加什么样的岗前培训？

通过选拔考试的志愿者候选人将参加由孔子学院总部／国家汉办组织的行前培训，培训时间为300~600课时，内容包括汉语教师志愿服务精神与要求、汉语教学技能与课堂管理、汉语教材与网络资源的利用、教学观摩与实践、当代中国国情、中华文化、中华才艺、能力拓展、涉外教育、跨文化交际、国别赴任指导、赴任国语言等。孔子学院总部／国家汉办将根据候选人培训平时成绩和结业考试成绩确定志愿者最终人选。

二、汉语教师志愿者的待遇如何？

根据赴任国别和地区不同，汉语教师志愿者享受每人每月800~1000美元生活津贴、往返国际旅费、人身意外伤害保险、住宿、医疗保险以及派出相关费用。在艰苦地区连续工作两个任期的志愿者，将从第二任期起享受艰苦地区补贴。

根据《教育部办公厅关于做好普通高等学校毕业生赴国外担任汉语教师志愿者服务期满相关工作的通知》（教学厅〔2012〕3号），汉语教师志愿者在办理就业报到手续、保留硕士研究生入学资格和学籍、报考硕士研究生加分、申请国家公派留学项目优先录取、申请国家公派出国教师和孔子学院专职教师优先录用等方面享受优惠政策。

具体来说，汉语教师志愿者派出前为应届普通高校毕业生的，根据本人意愿，可将户口和档案保留在原就读高校或转回家庭所在地。服务期满考核合格者，一年内落实就业岗位的，可参照普通高等学校应届毕业生，凭用人单位录（聘）用证明，向原就读高校申请办理就业报到手续。对于派出前已经被录取为硕士研究生的应届高校毕业生或在读研究生，所在高校应为其保留入学资格和学籍。毕业生到海外志愿服务两年以上，服务期满考核合格者，服务期满后三年内报考硕士研究生，初试总分加10分，同等条件下优先录取。服务期满考核合格者，申请国家公派出国留学项目且符合要求的，同等条件下优先录取。服务期满考核合格者，申请国家公派出国教师、孔子学院专职教师且符合要求的，同等条件下优先录用；申请各地、各校教师岗位且符合要求的，同等条件下优先录用。

三、汉语教师志愿者项目的派出流程是什么？

汉语教师志愿者派出时间根据各岗位具体要求确定，任期通常为一学年（一般为十个月），考核合格者可申请延期，最多不超过三年。派出前，由推荐学校或所属教育厅（教委）与志愿者签署《汉语教师志愿者出国任教协议书》。任期结束后，汉语教师志愿者须在协议规定时间内回国。申请留任的汉语教师志愿者应在任期结束前三个月提交《汉语教师志愿者留任申请表》《汉语教师志愿者履职考评表》，经任教机构、选派单位、驻外使领馆和孔子学院总部／国家汉办审批后方可留任。

四、报名汉语教师志愿者项目，如果没有被录取，可否继续报名第二年的外派教师项目？

国家汉办汉语教师志愿者项目和外派教师项目是两个不同的项目，汉语教师志愿者选拔考试成绩以及是否录取不会影响外派教师项目的报名。

五、非孔子学院中方合作院校的申请者，是否可以报名？

孔子学院志愿者优先从中方合作院校候选人中录取，非中方合作院校人员也可以申请，但是成功率较低。

六、一年只能报一次汉语教师志愿者吗？能不能以个人名义报名？

汉语教师志愿者半年内只能报考一次，成绩有效期一年。如果该志愿者考试成绩合格，但因名额有限而未被选派的话，孔子学院总部／国家汉办会根据海外的岗位需求进行调剂；如果考试成绩不合格，就只能等半年后再报名。孔子学院总部／国家汉办不接受个人直接报名，所有志愿者都必须由单位推荐派出。

七、报考汉语教师志愿者需要持有哪些证书？

普通话水平等级证书为必需。志愿者需在派出前拿到普通话二级甲等及以上证书，否则取消志愿者资格。托业英语、雅思和托福等国内外认可的有权威性的英语成绩都是有效的，其他证书或者语言等方面的要求详见各具体岗位的通知。申请人持有《国际汉语教师证书》可以优先被派出。

八、报名汉语教师志愿者后需要通过哪些考试？

汉语教师志愿者自愿报名并通过选派单位的遴选后，由选派单位推荐给孔子学院总部／国家汉办，孔子学院总部／国家汉办根据项目要求组织统一的选拔考试。考试包括综合能力面试、外语面试和心理测试（笔试）。其中综合能力面试考查内容主要为汉语教学能力、跨文化交际能力、应变能力和中华才艺等。

九、社会人士可以报名汉语教师志愿者项目吗？

汉语教师志愿者项目申请人需要有推荐单位，申请人可通过有派出资格的高等院校或省教育厅（教委）获取推荐资格。

汉语教师志愿者项目参考时间表

10月中下旬：报名

10月底：收到面试通知

11月初：面试

12月中旬：收到培训通知

次年1月中旬：岗前培训

次年5—8月：准备签证材料，办理签证

次年10月：派出（有些志愿者培训结束就出国了，不同的岗位、不同的国家派出时间不同）

第二章
选拔考试知多少

第一节 汉语教师志愿者选拔考试介绍

一、什么是汉语教师志愿者选拔考试？

汉语教师志愿者选拔考试是孔子学院总部/国家汉办为选拔汉语教师志愿者在各地举行的考试。

汉语教师志愿者选拔考试主要包括综合能力面试、外语面试、心理测试三个部分。其中综合能力面试是重中之重，外语面试和心理测试也是志愿者选拔考试中的重要考量因素。

另外，有个别孔子学院或教学点还会组织由孔院中外方院长或中文教学负责人参与的附加面试，附加面试一般会在选拔考试后，通过远程面试的方式来进行。

二、综合能力面试包括哪几个部分？

综合能力面试主要由自我介绍、汉语基础知识、教学能力、应变能力、跨文化交际能力和中华才艺等部分组成。

三、什么时候报考志愿者选拔考试？

根据报考国别及赴任时间的不同，志愿者报名时间也不一样。一般来说，志愿者选拔考试大规模报考主要有每个学年度秋季学期的10月份和第二年春季学期的2月份两次。但有时候也会在其他月份安排个别国家或地区的选拔考试报名。

建议大家时常关注孔子学院总部／国家汉办官网，随时关注报考信息。

四、汉语教师志愿者选拔考试在哪里举行？

志愿者选拔考试一般在汉语国际推广基地进行。可登录孔子学院总部／国家汉办官网查询详细信息。

五、汉语教师志愿者选拔考试有哪些流程？

志愿者选拔考试每半天会换一套题，所以考生会在半天内参加完综合能力面试、心理测试、外语面试三项考试。根据考号不同，参加三项考试的顺序也不同，三个考试在不同的考场，具体顺序由考务现场安排。

第二节 汉语教师志愿者选拔考试备考指南

一、汉语本体知识部分

汉语本体知识主要包括拼音与汉字的正确使用、词汇对比分析、句子偏误分析。这部分的考点相对固定，有一定的可预测性，备考时应有的放矢。

拼音部分主要考查点有：大小写、分词连写、隔音符号、轻声、儿化、标调位置、人名地名的拼写方法等。

汉字运用部分主要考查错别字及笔顺笔画是否正确，一般是考官说出一个字或一个词语，让考生按照正确笔顺写在黑板上。考生可以积累一些笔顺易错的偏旁或汉字的写法，例如"忄""匕""万""医""爽""凸""乃"等，再积累一些成语的常见用字错误如"班（搬）门弄斧""白璧微瑕（暇）""急（激）流勇进""攻城略（掠）地""暗度（渡）陈仓""继（既）往开来"等。

拼音和汉字部分容易失分，是因为一些同学从小语文基础不好，容易产生习惯性错误。比如有的同学声调位置容易标错，有的同学拼音平翘舌分不清楚，有的同学汉字笔顺基础非常差。语文基础知识不好并不可怕，可怕的是有些同学语文基础知识很差但却不自知，以至于面试的时候在这一项失分较多。

对于拼音和汉字书写这部分内容来讲，有的放矢地复习和坚持不懈地积累非常重要。除了学习本书第四章内容以外，个别同学还需要针对自己的常见错误有意识地加强专项训练。

二、近义词辨析部分

近义词辨析也是很多考生非常头疼的问题，很多近义词辨析"知其然"却不"知其所以然"，明明知道需要分析的词用法不一样，但具体为什么不一样却不知道如何解答，分析起来无从下手。

其实词语辨析也是有一定"套路"可以遵循的，这部分内容里，我们提出词语辨析"四看"原则供大家参考。

一看相同点

有的同学一听到词语辨析，开头就回答这两个词语有什么什么不同。殊不知多数情况下，志愿者面试词语辨析部分提问的都是"相同点"和"不同点"，所以要听清考官指令。

二看理性义

词的理性义包括意义的轻重、范围的大小、集体个体的不同、搭配对象的不同等。

三看色彩义

词的色彩义包括感情色彩（褒义、贬义、中性）、语体色彩（书面语、口头语）、形象色彩等。

四看词性及语法功能

词性不同，语法功能就不一样。注意，在进行词的语法功能辨析时一般要举例说明。

下面我们通过一个具体实例来看看"四看"在词语辨析类问题中的具体运用。

示例：

> 公然—公开
>
> **一看相同点**：两个词意义类似，都表示不隐蔽、开放。
>
> **二看理性义**："公然"表示无所顾忌地做坏事，"公开"表示不隐蔽。
>
> **三看色彩义**：感情色彩不同，"公然"有贬义色彩，"公开"是中性词。
>
> **四看词性及语法功能**：
>
> 词性方面，"公然"是副词，"公开"是动词兼形容词。
>
> 语法功能方面，"公然"在句中只能做状语，如"公然侵入"。"公开"一般做谓语，也可以做状语、定语，如"真相早已公开（谓），公开表明态度（状），公开的秘密（定）"。

读书笔记

词语辨析"四看"

能做到以上"四看"也就基本掌握了词语辨析的要点，另外有两点技巧需要大家注意：一是大量练习，掌握规律；二是适当举例，通过具体实例来辨析词语。

三、教学环节

教学环节需要注意的事项包括常用语法点的掌握、教学组织、课堂纪律等。

关于这一部分的备考，有一点需要特别说明，有些同学从来没上过讲台，体现不出课堂气场来，有的同学讲着讲着声音小得连自己都听不到了。所以，就课堂教学来讲，专业技巧固然重要，实践更重要。可以争取一些对外汉语课堂实习的机会（要去真实的课堂，不是一对一辅导），如果没有实习机会的话，可以找一些志同道合的考友多做一些全真现场模拟，通过模拟互相提醒一下课堂环节是否完整、活动形式够不够丰富、声音够不够洪亮、有没有口头禅、内容难度是否适合教学对象、有没有体现"精讲多练"的教学原则等。课堂教学，只有实践过了，才能知道自己哪里存在问题。不光要练，而且要多练，熟能生巧。

四、跨文化交际及中国国情部分

这两个方面的备考无捷径可走，需要多看实例，从中归纳答题思路和技巧，具体可参考本书第九章的相关内容。

五、中华才艺部分

所谓中华才艺，门类比较广，含义也比较宽泛。汉语教师志愿者面试中所用到的才艺主要有：中华乐器（葫芦丝、古筝、二胡等），中华武术（太极拳、传统外家拳套路等），传统书画艺术（书法、国画），传统手工艺术（剪纸、中国结等），传统歌舞（民族歌曲、民族舞等），等等。

如果考生已经精通一项中华才艺，那么毋庸置疑在这一项能得高分。如果没有这些方面的才艺，则需要进行专项学习和训练。

中华才艺的掌握需要长期的积累和练习，这对很多考生来讲都是极其困难的。但以应试为目的，也有速成的方法，请参考本书的姊妹篇《国际汉语教师志愿者才艺速成》，可以在最短时间内，迅速掌握一门适用于志愿者选拔考试的才艺项目。

第三节　汉语教师志愿者选拔考试经验分享

一、有准备才有底气

面试时间：2013年4～5月
面试地点：广西大学国际教育学院
考生姓名：笑笑生（网名）
考生学历：汉语言文学本科
考生职业：国际学校汉语教师
报考国家：菲律宾

（一）报名

我总觉得自己和孔子学院、和汉语教师志愿者有一种莫名的缘分。在刚高考完填报志愿的时候，我不顾别人劝阻，选择了自己一直很喜欢的中文专业。当时周围有很多声音，说中文专业不太好找工作。姐姐安慰我说，听说中国正在海外建设孔子学院，没准儿选择了中文以后能去孔子学院当老师呢。当时觉得孔子学院听起来好高大上，但并没有在意。之后的几年读书、学习，也一直没有接触过和孔子学院相关的信息，没想到临近毕业的时候，学校真有了孔子学院志愿者报名的机会，想到了四年前姐姐那句话，我毅然选择了报名。

由于名额有限，竞争太过激烈，学院先进行了初选。有一道题我印象非常深刻："请你谈谈中国建筑和西方建筑所代表的文化理念的不同。"当时自己毫无准备，便根据一些零碎的知识储备胡乱说了几句。中国建筑我举的是"四合院"的例子，提到了"天人合一"的理念和中庸之道。西方建筑我举了哥特式建筑，提到了西方教堂。理论知识储备不够的时候，可以适当举一些例子，虽然不一定全面，但毕竟可以避免无话可说。（注：据了解，大多数学校不组织初选，考生直接进入孔子学院总部／国家汉办汉办面试环节）

（二）考试当天

所有考生按照考号分成不同的组，不同组的考生考试顺序不一样，我那一组的顺序是心理测试—综合能力面试—外语面试。

1. 心理测试

心理测试是机考，大概有两百道题，都是选择，有单选有多选，就是考查心理状态，感觉只要据实回答一般没什么问题。

2. 综合能力面试

进去之后有三个考官并排坐着，中间那位主考官感觉很有气质，也很和蔼，一直保持着微笑，让我开始时的紧张情绪缓和了不少。

第一个环节是汉字书写，考官让我写出"胸有成竹"四个字，写完后，又让我单独展示了"胸"字的笔画。由于笔顺笔画基础比较好，这个知识点我应该没失分。写完后有一位考官补充了一句，问我知不知道这个成语的由来，我根据印象回答了几句，说有个古人在画竹子之前对竹子已经很了解了，后来这个成语用来表示比较自信。

第二个环节是写拼音，给出的句子是："我不但喜欢买衣服，而且喜欢做衣服。"我窃喜自己遇到的这个标拼音题没什么难点，只要注意开头字母大写和分词连写就可以了。

接下来是教学展示，如何把"不但……而且……"这个句型教给学生，例句就是刚才写拼音的那个句子。首先是介绍教学思路，我用大概两分钟时间简单介绍了一下教学思路，基本按照"导入—讲解—操练—复习—作业"的模式介绍的；其次是现场展示练习环节，我当时是把考官当成学生来进行操练的。印象中我给出的练习方式是：我边做动作边说出上半句，引导"学生"接下半句（由于没有教具，当时我手舞足蹈，自导自演，真心感觉不易）；然后我再做动作，让"学生"说完整句子；"学生"之间互相提问。

现场教学还没展示完的时候，有一个"学生"提出上课没意思，要出去踢足球，当时我头都快蒙了，不知道该怎么应对，只好告诉他下课后才能去踢。可是他还是坚持要去踢，我说如果本节课表现好，奖励提前五分钟下课去踢足球。后来回想，其实有更好的处理方式，应该把学生的要求和所学的这个句型结合起来，可能会处理得更完美。

"捣完乱"后，考官又给出了一个偏误句子"他不但会说英语，他的朋友而且也会说英语"，我给出的答案是：两个分句主语不一致时，后一句的主语应该放在"而且"的后边，应该说成"不但他会说英语，而且他的朋友也会说英语"。

再接着是一道跨文化交际题："有些志愿者出国之后住在寄宿家庭，即homestay，关于这个问题请谈一下自己的看法。"当时我主要从优点和缺点两方面谈了一下自己的看法：优点是能够认识更多朋友，接触更地道的本地文化，也能够锻炼自己的沟通能力；缺点是可能会在生活上不太方便，例如作息时间，厕所、厨房的使用等。我给出的总体观点是优点大于缺点，如果让自己选择，我会选择homestay。

再下一道题是："你在国外租住的房子，邻居在搞装修，影响了你正常休息怎么办？"我感觉这应该是一道考查应变能力和沟通能力的题。当时我给出的答案是先和房东联系，通过房东和邻居沟通，希望能尽量在我上班不在家的时候装修，或者装修时采取一些隔音措施。如果沟通不了就自己克服一下，克服不了就和房东商议，在不违反合同约定的情况下另外换一个住处。

最后一道是与中国文化相关的题："'和而不同'的儒家文化理念对中国文化发展的启示。"我主要是从尊重多元化和互相包容的角度阐释的，我认为中国文化应该兼收并蓄，海纳百川，敞开胸怀迎接世界文化的多元性，同时我们的文化也应该走出去，和各种文化主动交汇融合，为文化多元性贡献力量。

之后是才艺展示。对于中华才艺，我是"一瓶子不满，半瓶子晃荡"，都会一些，但都不精通。我提前带了一些自己写的书法作品，虽然不专业，但用于教入门的学生还凑合。另外，我还现场展示了几个太极拳的动作。考官还问我书法是不是自己写的，并且让我现场展示了一下硬笔字。

3. 外语面试

外语面试只有一个考官，敲门进去后感觉考官很和善，我先是用一分钟时间做了简短的自我介绍，说了自己的姓名、家乡、学校、专业等基本信息。然后考官问为什么要去国外教书，我就用英语简单说了一下自己高考选择志愿后姐姐用孔子学院鼓励我的那个小故事，考官貌似还挺感兴趣。后来又问了一些我的兴趣爱好等，都是比较简单的问题。最后问到了中国的茶文化。这个因为没有准备到，我回答得有点儿仓促，但还是大概提到了中国茶的基本分类、主要产地以及茶的起源和悠久历史等几个基本的点。

（三）备考建议

汉语教师志愿者选拔考试虽然比不上国家公务员考试之类的"千军万马过独木桥"，但某些岗位的竞争也非常激烈，出现几十个同学竞争一个岗位的现象也不稀奇。有些孔子学院定点针对中方合作院校招募志愿者，会在某种程度上减少竞争，提高本校同学的录取率。

每种考试总会出现一些考神，不怎么备考也能通过考试。那些所谓考神值得羡慕，但无法效仿，踏踏实实复习才是王道。备考不仅仅是为了通过汉办选拔考试，更重要的是为以后的教学打基础、做准备。

个人推荐复习时间为一到两个月。备考材料：汉语本体知识方面推荐看黄伯荣、李炜版《现代汉语》，对外汉语教学方面推荐徐子亮、吴仁甫版《实用对外汉语教学法》，中华文化方面可以多读几遍程裕祯版《中国文化要略》或沈振辉版《中国文化概说》，跨文化交际学方面胡文仲版《跨文化交际学概论》和莫爱屏、莫凡版《跨文化交际教程》都很不错。

二、大方自信我能行

面试时间： 2015年4～5月
面试地点： 西安外国语大学汉学院
考生姓名： 大萌
考生学历： 学科教学（语文）硕士
考生职业： 硕士应届毕业生
报考国家： 拉脱维亚

对于对外汉语专业的人来说，无论将来是否从事对外汉语教学这个行业，出国教一年汉语似乎是个情结，也可以说是对自己的一个交代，至少以后不留遗憾，因此参加汉办志愿者考试是大部分对外汉语专业学生都会经历的。从一个过来人的经验来看，通过这个考试绝非易事。考试分三部分：心理测试、综合能力面试和外语面试。整个面试在两天内完成，而具体到个人则是集中在一个半天。整个考务组分：后勤人员（现场引导）、考官（面试）以及汉办人员（考场抽查）。来到考场后第一件事是签到（会有人引导），之后分组进行心理测试。被分到后面几组的考生先参加其他项目的考试，以便最大化利用各项资源。参加每项考试都会有人员提前通知，然后引导至相应考场。每项考试时间大概在15到30分钟之间。其中综合能力面试时间最长，在30分钟左右。

（一）良好的心理素质

我参加的是普通志愿者考试，也就是直接被派往具体教学点，基本上是孤军奋战，没有孔子学院作为依靠，从生活到工作的方方面面都是自己完成的。这对许多无社会经验的学生党来说只有两个字——挑战！如果顺利通过就是全新的蜕变，基本上算是完成了毕业前的最后一项考验，不能说是无缝对接地走向社会，但至少做好了心理准备。所以可以看出来，胜任这项工作的前提是具备较为稳定的心理素质。心理测试是志愿者考试的第一关，学院许多优秀的师兄师姐都止步于此。这一关是受20多年形成的三观的影响，不能说你的想法不对，只是工作性质本身在挑选那个最适合的"答案"。测试题是165道李克特量表式选择题，40分钟内完成。

当被领到心理测试考场后，老师会告知各项注意事项，包括答题时间、填涂方式等，剩下的就是依照题目要求进行单选或多选了。这个过程中你可能会看到相似的题目反复出现，但形式不同，目的在于检测答案的真实性。应对办法只有一个，那就是忠实于内心，否则最后有可能出现晕题，来回折腾试题就失去心理测试的意义了。如果你从中使用了技巧而顺利过关，那么只能祈祷今后的工作都万事大吉。做完之后就可以交卷，进行下一个环节了。

（二）气质相符的课堂展示

在进考场前会发一张A4纸，写上自己的名字，进考场时带上它以及要展示的才艺作品（如果有的话）。进考场后先对着摄像机举起自己的签名，之后开始考试。一共有三名面试官，左边的是志愿者考官（回国志愿者），中间的是主考官（具备教授职称），右边的是副考官。考试分基础知识、跨文化交际和才艺展示三部分。

1. 基础知识

一是写拼音，由主考官提问，读一段话，让考生将拼音写在黑板上。考点是大小写、缩写、隔音符号之类，具体可以参考《现代汉语》（黄伯荣、李炜版）。如："无论什么时候，我都欢迎你们来北京天安门。（Wúlùn shénme shíhou, wǒ dōu huānyíng nǐmen lái Běijīng Tiān'ānmén.）"

二是近义词辨析，这个有具体的得分点，但最重要的一点是把握相同点和不同点，然后陈述一、二、三。如："经常"和"常常"。

三是写成语，这个主要是考粉笔字和基本功，如："爱不释手"。当然都是一些平时容易写错的成语，复习时可以拿着成语词典翻一翻。

四是偏误分析，考官会说一句话，然后问句子的正误及判断理由。一般情况句子肯定是有误的，否则无法体现考生分析语法的能力。如："无论你们去那儿，我们也去。"对于专业学生来说这都不是问题，非专业学生可能会凭语感判断，在说明理由的时候答对点的概率就比较低了。

五是试讲，讲的语言点就是判断偏误的句子，所以四和五是密切相关的。在试讲之前，老师会按要求让考生使用1至2种方式来展示。这是此项考核的重点和难点，顺利的话就是亮点，是判断考生能否胜任教学工作和是否具备教学潜质的关键部分。在备考时我跟另外一个同学就此环节模拟过很多次，效果明显。如果不实际操练就不知道"卡壳"是怎么回事；练习多了，面对考官时心里就不紧张了，这是保持思路清晰的重要前提，否则教学环节就会遗漏。语言点的讲解和练习是关键，所谓"内行"是语法清晰，"能手"是方式适合，后者一定要有活泼的课堂互动，必要时将考官十分自然地客串进来，让考场变成一个模拟课堂。之后考官会提一个关于处理课堂突发事件的问题，如："上课时有个学生将水杯打翻了，下面引起了一阵混乱，你会怎么处理？"把握关键点是如何迅速恢复课堂秩序，然后有条不紊地实施就可以了。最后要注意板书的艺术，写板书和知识点的讲解要相得益彰。

2. 跨文化交际

一是考查组织活动的能力。在海外教学中，组织一场具有中国文化特色的活动是必须具备的能力，如："怎么在学校举办一场庆祝春节的活动？"志愿者选拔考试中，要阐述清楚组织的过程。这部分不难，可以按照逻辑顺序讲明要点，最好在具体操作上提出一两个注意事项，如安全防范措施等。

二是考查能否适应赴任国的生活及工作。这部分就要充分了解报考国家的文化，尤其是特殊文化，更具体的是课堂文化有何差异、生活习惯有何不同，做到入乡随俗就不会有问题，实际上也就是处理好与各种人的关系，学生、家长、同事、邻居等。关键是认清矛盾所在，提前预防，有效化解。如："你到了赴任国，经常用左手接东西，然后掌心向上或是向下叫学生过来，一段时间后，你发现学生都开始讨厌你了，请分析原因。"

三是考查国情知识以及是否具备国际视野。每一位被派出的志愿者首先代表的是中国的形象，你的言谈举止一定要十分切合自己的身份。作为一名派到海外的志愿者，了解中国国情，正确传达国情是基本要求，尤其是在处理一些具有争议性的问题时，立场要正确，观点要明确，思路要有国际视野。回答的整体性其实是对自己表述能力的一个集中展现。平时多读书、深入思考以及关注时事很重要。

3. 才艺展示

才艺展示形式多样，内容自选，可以是剪纸、书法、茶艺、武术、舞蹈、乐器、歌曲……你一定要亮出精华，比如劈个一字马！但切记：亮出的一定是你的真本事！毕竟台下都是老司机。

（三）后天努力的外语技能

考场有摄像机，时间大概是15分钟。一是自我介绍，二是回答问题。大概有5个问题，基本上是从日常交流上升到世界观的高度，所以考查的词汇量是比较广泛的。考官用外语问,然后你用外语回答,同时考查听力和口语能力。我想提醒大家的是,擅长笔试的请平时多努力,提高自己的听力和口语水平!一般考官问到的问题可能有:"你的兴趣是什么?""你想过一个什么样的生日?""你是如何理解'少年强则中国强'的?"

(四)备考与应试建议

1. 综合能力面试

(1)基础知识

这个考查的是平时的基本功,需要在《现代汉语》这本书上下功夫,以及延伸出的专门针对近义词辨析、句子偏误的相关书籍。我自己在这方面也还有许多不足,要一直学习,正所谓"活到老,学到老"。但是在考场上,不要因为知识点的薄弱而怯场,如果讲解不到那么深刻,就由浅入深,言之有理,尽量拿分。想到了高中年级主任在开年级动员大会时对我们说的,"我难人难我不畏难,我易人易我不大意",用到这里最合适了。

(2)语言点讲解

在结束了针对个人中文素质的考查后,接下来会考查考生作为教师的上课能力。对于知识点有自己的理解当然是前提,复习方法也与其他环节基本一致。但是作为老师不仅要自己懂,更要有让他人懂的能力。我个人认为,多观摩教师上课是最好的方式,如果现场观摩不了,看教学视频也比看文字强。模仿优秀老师上课的教姿教态、知识点布局,甚至他们说话的口气、前后句是如何连接的,这些是最笨拙也最有效的方式,也是我大学读师范专业时,一个经验丰富的老教师传授给我们的方法,在这里分享给即将和已经成为对外汉语老师的战友们,与大家共勉。

(3)课堂管理问答

因为我本身学的是语言教育专业,从大学到研究生,六年专业课的学习让我对考场上老师可能提的课堂管理相关的问题并不害怕。如果对教育专业不是那么熟悉,可以首先找《教育学概论》这样的书来看看,对教育学的基本概念有个了解,然后看一些关于课堂管理的书。当然这是在时间非常充裕、资源非常充足的情况下的选择。如果时间紧,资源又有限,那么报班是个不错的选择,有专业老师的指导会更有方向性。我报考志愿者的时候,专业的培训班基本上没有,但是后来我在考《国际汉语教师证书》的时候,选择了对外汉语人俱乐部的培训课程,最后我顺利通过笔试和面试,拿到了证书。

（4）才艺展示

对于有十分突出的中华才艺特长的同学，这个环节自然不用担心，大方展示就好。对于没有突出特长的同学，也不要害怕。要明白，这个才艺终究是为今后的汉语课堂教学服务的，所以立足汉语课堂再来选择自己感兴趣的中华才艺，加以练习就好。我当时准备的是剪纸和刺绣。

2. 外语面试

一方面要多给自己创造机会去练习口语，流利度比语音标准重要得多。学校的英语角是个非常好的选择。读研究生期间，我常常和好朋友约着去英语角。在那里，可以有机会和外教老师交流，也可以和好朋友用互问互答的方式操练英语。另一方面，通过这样的方式，不仅给自己创造了开口说话的机会，更通过与人交流活跃了自己的思维，开阔了眼界。有了对事物独立思考的能力，在考场上，考官不论提什么问题，考生都能说出一些自己的想法。相比死记硬背，掌握方法更为重要。

3. 心理测试

现在很多考场已经改为在电脑上直接作答了。我个人认为这个方式更方便。在考场上答题，要本着诚实的原则。因为这些题目都是心理学专家经过科学设计的，如果你答题时顾虑太多，容易导致答案前后矛盾，那么会被认为无效。

平时养成的开阔的心胸、积极进取的态度会对考试大有帮助。这个心理测试根本的目的是确保志愿者在海外任教时能有强大的心理素质去面对各种矛盾，用恰当的方法处理工作和生活中的各种现实问题，积极的态度会让你在被派出国后受益良多。

学习篇

编著者／主讲教师：

刘丽萍

郑力萌

张一萍

龙江燕

内容提要

　　学习篇是本书的重点内容，共包含八章，分别从自我介绍与面试技巧、汉语拼音与汉字书写、近义词辨析、句子偏误分析、说课、试讲、问答以及中华才艺等方面，对汉语教师志愿者选拔考试尤其是综合能力面试部分进行了详细的解析。

刘永鲁

武汉大学汉语国际教育硕士,曾任美国大理会项目志愿者、赴约旦公派教师、赴菲律宾汉语教师志愿者,两次获评孔子学院总部／国家汉办"优秀汉语教师志愿者"。

座右铭

自强不息,厚德载物。

联系方式

331765989@qq.com

邢力钶

毕业于哈尔滨师范大学英语教育专业,从事一线汉语教学十余年,对外汉语人俱乐部国际中文教育网络学习平台资深培训师,参与编写《国际汉语教师证书》考试培训教材多部。

座右铭

坚持就是胜利。

联系方式

mama0516@163.com

张一萍

北京语言大学语言学与应用语言学在读博士,北京语言大学预科学院对外汉语教师。从事一线汉语教学十余年,对外汉语人俱乐部国际中文教育网络学习平台资深培训师,参与编写《国际汉语教师证书》考试培训教材多部。

座右铭

自律给我自由。

联系方式

zhangyiping@blcu.edu.cn

龙江燕

北京语言大学语言学及应用语言学硕士,河北广播电视大学讲师。长期从事汉语国际教育教学、远程教育教师研究工作,对外汉语人俱乐部国际中文教育网络学习平台资深培训师,参与编写《国际汉语教师证书》考试培训教材多部。

座右铭

只争朝夕,不负韶华。

联系方式

longjiangyan1016@126.com

第三章

自我介绍与面试技巧

第一节 自我介绍的中文表达

在汉语教师志愿者面试中,中文自我介绍看似"不重要"却又"很重要"。说它"不重要"是因为自我介绍环节并不参与实质评分,即便出现小的失误,也不会在考官打分表上直接体现出来。说它"重要",是因为自我介绍是面试的第一个环节,一段精彩的自我介绍会给考官留下良好的第一印象,并在接下来的面试中成功引起考官的好奇和注意。

自我介绍的重要性

一、自我介绍三忌

一忌没重点:有些考生的自我介绍啰啰唆唆一大堆,但却连自己的毕业学校和专业都没介绍,或者忘记介绍年龄、家乡等基本信息,这样的介绍浪费了时间,却没有向考官呈现出最有用的信息。

二忌超时间:有的考生在自我介绍环节说话太多,从志愿者报名说到自己家乡的风土人情,或者光介绍奖项就列举了半分钟,说着说着就超时了,在考官的提醒下才草草收尾,给考官留下了拖沓的印象。

三忌太紧张:有的考生在自我介绍环节因为太紧张而声音发抖,有的出现结巴甚至半天说不出话的状况,大大拉低了自己的面试水准。

二、自我介绍三注意

一要认真"听"：有的考生一上讲台就着急进行自我介绍，这样会让考官觉得你在"抢"着说话，会留下非常不好的印象。而且不排除有的考场会略去自我介绍环节，直接问问题。或者有的考官把自我介绍时间放宽至一分半钟左右，甚至更长时间。所以，要等待考官给出指令后再进行自我介绍。

二要有条理：自我介绍就是要在规定时间内呈现个人基本信息并适当展现一下个人风采，东一榔头西一棒槌地乱说一通，容易导致重点不突出，而且可能会超时，让考官感觉啰唆，甚至有可能被考官直接打断。

三要出亮点：自我介绍是唯一可以自己掌控的"必考题"，有充分的时间进行准备。在满足上面两个条件的同时，如果时间掌控得好，可以制造一些小"亮点"，这样可以给考官留下深刻印象。例如，可以拆析一下自己的名字，突出一下自己曾有过的对外汉语教学相关的实习或教学经历，或突出介绍一下自己的某项特长。

三、自我介绍模板

中文自我介绍一般要求一分钟，所以表达一定要简明扼要，抓住重要信息。要表达的几个重要信息点是：

姓名，籍贯，年龄，学校及专业（包括本科专业和硕士专业），爱好及特长，报考国家及岗位。如果有对外汉语相关的教学实习经历，也最好简明扼要地概括一下，着重说明自己实习的教学对象和所教授课程等。

参考范例：

> 各位考官（上午／下午）好！
>
> 　　我叫×××，今年××岁，来自××省××市。我本科毕业于××大学××专业，现在在××大学攻读××专业硕士学位。我报考的是××国家××孔子学院岗位。我在我们学校教过××（多长时间）汉语，积累了一定的教学经验，教授的学生主要是×国人，教授的课程是××课。我的爱好是×××（如取得相关奖项或证书，最好说明）。

第二节 自我介绍的英文表达

志愿者选拔面试中的外语自我介绍是一个相对独立的环节，一般在外语考场单独进行，考官一般是比较有经验的高校外语教师。英文自我介绍兼具信息性和考查性，这要求我们既要呈现有意义的个人信息，又要能够展示自己的外语能力和相关的教学业务水平。

一、时间把握

外语自我介绍一般也是要求一分钟，但在备考环节建议多准备些内容。因为考前的准备一般在正常语速下进行，但在实际考试情境中往往会因为紧张而加快语速，或者可能会因为紧张而出现忘词儿的现象。

根据经验，在考场上说一分钟的内容在平时备考时要准备一分半钟。另外，为防止忘词儿，还可以另外准备一分钟的内容。

从结构上讲，一分半钟的内容需有开头有结尾，相对完整。额外一分钟的内容需和前面一分半的内容有效衔接，例如额外介绍自己的一段教学经历或学习经历等。有了这些充分的准备，我们就能够在考场上从容不迫地说满一分钟，而且可以根据现场情况随时增减。

二、内容要求

英文自我介绍，首先是"自我介绍"，所以全面呈现有效个人信息是必不可少的。与此同时，作为出国志愿者的英文介绍，又要别具特色，呈现出其职业特点，所以，我们所提供的信息最好能围绕教育、教学、文化、交流等方面展开。具体说来，英文自我介绍需要包含以下几部分内容：

1. 开场白

开场白要简洁、有礼貌，最常见的就是"问候"。问候要真诚、亲切，可以从称呼开始。可统一称呼Dear examiners或根据性别称呼Miss、Sir，然后问候"Good morning/Good afternoon"或者采用"Hope you are having a good day"这样的祝愿。如果时间允许，我们也可以用一句话来感谢考官为我们提供了这个表达自我的机会。可以表达为"It's my great honor to stand here to introduce myself"或者"Thank you for giving me the chance to introduce myself"。开场白主要起寒暄暖场的作用，因此要简洁扼要，把重点放在后面。

2. 个人基本信息

个人基本信息和中文自我介绍的基本信息差不多，包括自己的姓名、年龄、家乡、毕业院校及所学专业等，只是需要用英文表达出来。

3. 与教育或工作相关的个人信息

这一部分是自我介绍的重中之重，也是面试考官最感兴趣的内容。这部分既是对教育教学经历的展示，也是语言能力的呈现。从内容上讲，既可以按照经历纵向展开，按照时间顺序介绍自己的求学及相关工作实习经历；也可以横向展开，就其中某一点延伸，谈一下自己对汉语国际教育专业或某段教育经历的感触。这样既充分展现了语言能力，又重点突出了自己的教育教学相关经历。

具体来说，可以从下面一些方面来展开：

（1）学习经历（What is my major）；

（2）我从学习或者实习／工作经历中学到的（What have I learnt from my study/work）；

（3）我从事国际汉语教学行业的原因（Why am I interested in teaching Chinese to speakers of other languages/TCSOL）；

（4）我对教育、教学或者国际汉语教学的理解（What is my understanding of education, teaching and learning as well as TCSOL）；

（5）我的爱好与特长，以及如何用于国际汉语教学（What are my hobbies and strengths, and how can I make good use of them to benefit TCSOL）。

需要注意的是，在进行以上几方面的阐述时，尽量避免简单列举，最好给出一些例证来支持自己的观点。另外，在进行具体的语言表达时要符合逻辑，找一些关联词把上面的观点有效串联起来，会取得更好的表达效果。

4. 结束语

在介绍完以上信息后，需有一段简短结束语，并礼貌地感谢对方的倾听。

三、具体材料及样例

以下是在用英文作自我介绍时一些有用的句式表达，供大家参考，可根据个人实际情况选用。

Part 1: Opening – greetings

> Dear Miss/Sir/Examiners, good morning/afternoon. Hope you are having a good/nice/brilliant/fantastic day. I'm so thrilled to stand here, and thank you very much for this opportunity. First of all, I would like to briefly introduce myself.

Part 2: The basic information about me – name, educational background and work

> My name is … and I was born and raised in …
>
> I graduated from [University A] as a major of … in 20**. Then I went to [University B] for my post graduation in 20**. Three years after that, I started a job as a/an … in [city/my work place] and I've been working in that field for … years.

Part 3: The information related to education and/or TCSOL

(1) What is my study/work like?

> My study/work is mainly about … It's not easy, but I actually quite enjoy it, because …

(2) What have I learnt from my study/work?

> I've learnt quite a lot of things from my study/work, one of which is that … For example, …

(3) Why am I interested in teaching Chinese to speakers of other languages/TCSOL?

> I've long believed that it's particularly interesting/important / … to offer the opportunity of learning Chinese and Chinese culture to more people in the world, because …
>
> And that's why I chose this job … years ago, and I'm longing for making greater progress with my job.
>
> Therefore, I started to learn and practice almost everything about Chinese teaching and now I'm looking forward to being a teacher of teaching Chinese to speakers of other languages.

(4) What is my understanding of education, teaching and learning as well as TCSOL?

> In my understanding/From my experience, I think one of the most important aspects of education/teaching Chinese to speakers of other languages is …, because …

(5) What are my hobbies and strengths, and how can I make good use of them to benefit TCSOL?

> I think I'm quite good at …
>
> I happen to be good at …
>
> I learnt [a skill] from … when I …, because…
>
> I taught myself [a skill] when I…, because…
>
> I think I can make good use of it to benefit teaching Chinese. For example, …
>
> I believe that [the skill/hobby] can be a very good opportunity to communicate with others, say my colleagues and students. Apparently, it's very possible for me to share with them this skill/hobby of mine and teach them if they are also interested.

Part 4: Closing – giving thanks

> I think that's what I have for my self-introduction.
>
> I'm afraid I have to stop here.
>
> Hopefully I have made myself clear to you.
>
> Thank you for your listening/patience, and I think I'm ready for the next stage.

需要说明的是，以上四部分内容只是一些参考资料，真正面试的时候没必要或者时间可能不允许全部涵盖，考生可结合自身情况根据实际需要摘取一些要点。

下面提供一个英文面试自我介绍范例，供大家参考。

参考范例：

> Dear Examiners, good afternoon. Hope you are having a nice day. I'm very honored to stand here to give a brief introduction of myself.
>
> My name is Sam and I was born and raised in Henan Province. I graduated from Zhengzhou University as a major of Chinese language and

literature in 2014. Then I went to Peking University for my post graduation in 2014, my major for master degree is Teaching Chinese as the second language. During the last 2 years I also worked as a Chinese teacher as my part-time job. My work is mainly about teaching Chinese language and literature to the students who live in Beijing. It's not easy, but I actually quite enjoy it, because the language is like the window and bridge, it connects the young foreign students to a broader world. I feel very proud when my students read and speak Chinese fluently.

In my experience of teaching during the last 2 years, I think one of the most important aspects of teaching Chinese to speakers of other languages is patience, because Chinese language is very hard, and it is not easy to make foreign students understand Chinese especially Chinese writing, the teacher needs to be very patient to help them practice again and again. I learnt the skill of patience from the last 2 years' teaching, because most of the kids in my class are elementary students, I need to be especially patient not only in teaching but also in classroom management.

I think that's what I have for my self-introduction. Thank you for your patience, and I think I'm ready for the next stage.

第三节　面试礼仪及常见问题

一、仪表

俗话说"人靠衣服马靠鞍"，干净整洁的着装是对人的充分尊重。在面试这样的场合，着装、发式、配饰等细节都需要充分考虑，争取在考官面前留下好印象。

1. 着装

面试着装用一句话概括就是要"穿得像个老师"。既不要穿得太休闲像个学生，也不必穿标准的西装或职业套装，再夹个皮包，搞得像个推销员，总体要适合自己的穿衣风格，不要让自己或别人感觉太突兀，太别扭。

具体说来，男生最好穿带领上衣，尽量不要穿圆领T恤或者只穿毛衣不穿外套，尽量不要穿牛仔裤、运动鞋。女生着装要掌握三个原则：不紧、不透、不露。总之，既不要太"学生化"，也不要太"社会化"。

读书笔记

符合教师形象

2. 发式

男生尽量避免头发太长,有的男生前面的刘海遮住了眼睛,或者有的男生扎着小辫子,这些发式都不符合教师形象,在很大程度上会降低印象分。

女生发式可适当随意,但不要太夸张,有的女生把头发染得花花绿绿,虽然平时彰显个性,展示审美,但在教师面试这样的场合还是尽量不要太张扬,要整体符合现代教师气质,既青春靓丽又整洁简单,另外也要和自己平时的风格相符,总体以干练大方为宜。

3. 配饰

简单低调

除手表外,男生尽量避免配饰,不要佩戴佛珠、手链、项链等。女生有适当配饰无伤大雅,但尽量避免配饰太过扎眼,否则很容易分散考官的注意力,从而影响考官对考生的整体印象。另外,所戴饰品要符合年龄、身份,不宜佩戴奢华饰品。

4. 是否化妆

淡妆素颜两相宜

许多女生在是否需要化妆这个问题上很纠结,有些平时不爱化妆的同学,担心不化妆会影响效果,因此面试那天化上浓妆,连自己都觉得别扭。我们建议,为展现精神状态,女生最好化淡妆,要避免浓妆艳抹。但有些考生如果觉得素颜更适合自己,可以不必化妆,只要让人感觉舒服就好。

二、仪态

如果说着装、发式等是外在门面的话,那眼神、姿态、手势动作等则可以传达出人的内在气质,良好的仪态能充分展现一个人的涵养。

1. 眼神和微笑

面试时的眼神接触很重要,有的考生自说自话、自言自语,全程基本不看考官,这样很容易给人留下不够自信或缺乏交流意识的印象。应该平视考官,并且有充分的眼神交流。既要避免左顾右盼、躲躲闪闪,又要避免只看其中某一个考官,要和三位面试考官都进行充分的眼神交流。

笑容是全世界共同的语言,微笑往往代表着一个人的亲和力,面试时的自然微笑能给考官以积极阳光的印象。所以面试的过程应该保持自然微笑,用笑容感染考官,切忌眉头紧蹙苦大仇深的样子。教师在传播知识的同时也在传递情感,而传递情感最好的方式往往就是发自内心的微笑。

2. 步伐和站姿

步伐和站立姿态往往能反映出一个人的精神面貌，所以在面试过程中，步伐可适当比平时大一些，且从容坚定。站立时也要挺胸抬头，不能懒懒散散，显得太颓废。

3. 手势

适当的手势语有助于辅助语言表达，尤其是教师这个职业，手势语几乎是"职业病"，很多教师在课堂上讲得兴奋起来的时候都手舞足蹈。

在面试尤其是试讲环节，可适当用一些手势语，但手势语的使用要简洁、干练，有分寸。打个比方，在请学生回答问题时要避免用手指去指学生，应该手掌向上，作出"请"的姿势。

三、面试礼仪

如果门关着，要轻轻敲门，经考官允许后方可开门。如有必要，进门后，可向考官轻轻鞠躬问好，鞠躬度数30度到60度为宜（一般不需要鞠躬至90度）。

答题结束后，一定要擦黑板。这些细节问题会体现出一个人的习惯和涵养。

面试结束后，要表达对考官的感谢。如果来的时候门是关着的，出门后记得把门带上。

四、其他应注意的问题

1. 声音要洪亮

作为一名对外汉语教师要有"Teacher Voice"。洪亮的声音才有感染力，如果考生的声音连考官都听不清楚，就更不用说要面对一个班十几名甚至几十名学生了。同时，洪亮的声音也可以适当提高自信，让自己尽快进入应试状态。

2. 语速要适中

有的考生因紧张而语速太快，有的考生把平时的说话习惯带到考场上，也会显得语速太快。因此，自我介绍环节要语速适中，清晰流畅；讲课环节要尽量放慢语速，适应汉语课堂的节奏。

读书笔记

敲门

擦黑板

关门

3. 避免口头禅

有的考生"嗯""啊""呃"之类的口头禅太多,这样容易导致一场面试下来,给考官留下的印象就只有一堆口头禅。

4. 不要"恋战"

有的考生一遇到答不上来或者答得不好的问题就乱了方寸,脑子一片空白,严重影响了后面的发挥。

遇到自己不会的题或者讲课时某个环节没处理好都属于正常现象,一定要镇定。出现一个失误扣的分数很有限,但如果因此影响了后面的发挥,就得不偿失了。因此,要时刻调整好心态,迎接下一道题目。

5. 试讲环节要有"角色感"

试讲环节一旦开始,就要进入设定的情境,要把考官当成学生。讲解及练习环节尽量走下讲台,想办法带动考官进入课堂情境,和考官进行充分互动,一起把"戏"演下来。即便有的考官不配合,也要有互动环节,这时候课堂就是老师的"独角戏",要自编自演下去。

第四章

汉语拼音与汉字书写

常见考查点

第一节　汉语拼音拼写规则

在志愿者面试过程中，汉语拼音的书写是必考而且非常容易丢分的项目，但也是可以通过考前学习和练习得满分的项目，所以更要认真对待。

汉语拼音的考题通常是考官朗读一个句子，句子中可能会包括人名、地名、数字、成语等，要求面试者写出这个句子的拼音。

如果想要准确地写出句子的拼音，首先要了解汉语拼音音节拼写规则、轻声和儿化音节拼写规则、大写规则、分写连写规则等。我们根据以往的志愿者考试真题总结出了高频考点，通过这部分的学习，希望大家不仅可以自信应考，在以后的教学过程中也能规范而准确地书写拼音。

一、音节拼写规则

音节是听觉上自然感觉到的最小语音单位，由一个或几个音素组成。一般的音节由声母、韵母和声调构成。比如：

	声母	韵母	声调	音节
妈	m	a	-	mā
琴	q	in	ˊ	qín
卷	j	üan	ˇ	juǎn
象	x	iang	ˋ	xiàng

相信这部分对大家来说并不难，不过以下几个方面仍需了解和注意：

1. 隔音字母

汉语拼音字母y和w是隔音字母，起隔音作用。具体的书写原则为：以i和u开头的音节，后面还有别的元音时，把i改成y，u改成w。比如：

  ia→ya iao→yao ian→yan iong→yong
  uo→wo uei→wei uen→wen ueng→weng

如果i和u的后面没有别的元音，则在其前直接加上y和w。比如：

  i→yi in→yin ing→ying u→wu

以ü开头的音节，不管ü后面有没有其他的元音，一定要在ü的前面加上y，加y后，ü上的两点省略。比如：

  ü→yu üe→yue üan→yuan ün→yun

2. 省写

（1）韵母iou、uei、uen的省写

iou、uei、uen前面加声母时，写成iu、ui、un。比如：

  x＋iou→xiu d＋uei→dui t＋uen→tun

（2）ü上两点的省略

ü跟n、l以外的声母相拼时都省写两点。比如：

  聚jù 去qù 需xū

3. 标调法

（1）声调标在一个音节最主要的元音上，一般按照元音（a o e i u ü）顺序来标调。比如：

  咖kā 或huò 列liè 明míng 尊zūn 家jiā

（2）i、u并列标在后。比如：

  丢diū 对duì

（3）调号在i上，省去小点直接标注声调。比如：

  衣yī 秦qín

（4）轻声音节不标调。比如：

儿子érzi　　　　　　晚上wǎnshang

4. 隔音符号

以a、o、e开头的音节连接在其他音节后面的时候，如果音节的界限发生混淆，简单来说就是影响拼读或者拼读起来导致歧义的，就要用隔音符号"'"隔开。比如：

xiān VS xī'ān　　kuài VS kù'ài
先　　西安　　　快　　酷爱

5. 变调的标法

有些音节的声调在语流中连读时会起一定的变化，如"一、不"，与单独读时调值不同。按照《汉语拼音正词法基本规则》（GB/T16159—2012），这些音节"一般标原调，不标变调"，但"在语言教学等方面，可根据需要按变调标写"。因此，为简便起见，不管一个音节在语流中调值发生怎样的变化，我们在书写时，都可以统一标注原调。如有要求或需要按变调标写时，需要注意：

（1）一yī："一"在一二三声前均读作四声"yì"，在四声前读作二声"yí"。比如：

一杯yì bēi　一瓶yì píng　一碗yì wǎn　一辆yí liàng

（2）不bù："不"在一二三声前均读原调，即四声"bù"，在四声的前面，读作二声"bú"。比如：

不吃bù chī　不来bù lái　不晚bù wǎn　不要bú yào

（3）三声：三声在三声音节前面变读为二声，在非三声音节前面变读为半三声"21"，但书写拼音时均应写为三声。比如：

水果shuǐguǒ　管理guǎnlǐ　走开zǒukāi　起来qǐlai

以上可以说是音节书写中最重要的规则，仔细阅读即可，并不需要死记硬背，不过下面关于轻声和儿化音节的书写也是常见考点和重点，需要反复阅读并一一记住。

二、轻声和儿化音节拼写规则

1. 轻声

相信大部分人在交谈的过程当中都可以感受到轻声，但如果让大家准确地说出哪些音节是轻声可能并不容易。在考试的过程中，即便考官会朗读句子，但考生单纯地通过语音感受，也未必能保证所有的轻声都能准确听清楚，所以还是要注意以下九种常见的需要读轻声的情况，并记住：轻声音节书写时不标调。

（1）助词"的、地、得、着、了、过"和语气词"吧、呢、啊"等；

（2）部分重叠词的后一音节，如：

猩猩、妈妈、看看、听听

（3）量词"个"，如：

这个、那个、哪个、一个、两个

（4）后缀"子、头、们"等，如：

鸽子、石头、我们

（5）某些表示方位的词或语素，如：

路上、前边、后面、手里、地底下

（6）动词、形容词后表趋向或变化的词"来、去、起来、下去"等，如：

进来、下去、跑过来、拿回去、热起来

（注意：中间插入"得、不"时不读轻声，如"进得去、起不来"）

（7）夹在中间的"一"和"不"，如：

想一想、试一试、来不来、难不难、说不清、出不去

（8）习惯上的轻声（有一些可轻可不轻），如：

伙计　咳嗽　护士　事情　脑袋　窗户　消息　葡萄糖
清楚　稀罕　力量　先生　行李　关系　动静　狮子狗

（9）以下词语里的"不、里"，如：

黑不溜秋　傻不愣登　糊里糊涂　啰里啰唆

2. 儿化音节书写

儿化音节书写时只需要在原来音节的后面直接加上r。比如：

  花儿huār 饭馆儿fànguǎnr

  头儿tóur 小王儿Xiǎo Wángr

三、大写规则

除了要掌握音节拼写的基本规则以外，句子开头字母及专有名词的大写也是考试的重点，考试中出现的所有要求写拼音的句子都会涉及这个考点。

句子或诗行开头字母要大写（句尾使用"."作为句号）。比如：

  我喜欢你。Wǒ xǐhuan nǐ.

专有名词的首字母要大写，由几个词组成的专有名词，每个词的首字母都要大写。主要有以下一些情况：

第一，关于人名及称呼类的大写规则。

（1）姓和名需要分开写，姓和名开头字母要分别大写；笔名、别名等参照一般姓名书写。比如：

  王建国Wáng Jiànguó 鲁迅Lǔ Xùn 王麻子Wáng Mázi

（2）姓氏与职务或者姓氏与称呼连在一起时，姓氏要大写。比如：

  张经理Zhāng jīnglǐ 李先生Lǐ xiānsheng

（3）以"老""小""大""阿"等开头的称呼，开头大写。比如：

  老刘Lǎo Liú 小王Xiǎo Wáng

（4）已经专名化的称呼，开头大写。比如：

  老子Lǎozǐ 包公Bāogōng

第二，关于地名的大写规则。

（1）专名和已经专名化的地名，第一个字母大写。比如：

  北京Běijīng 黑龙江Hēilóngjiāng（省名）

（2）地名中的专名+通名，每部分的第一个字母大写。比如：

  陕西省Shǎnxī Shěng 海南岛Hǎinán Dǎo

常见通名：江Jiāng / 河Hé / 湖Hú / 海Hǎi / 海峡Hǎixiá / 山Shān

泰山Tài Shān　　鸭绿江Yālù Jiāng　　台湾海峡Táiwān Hǎixiá

第三，国家、组织机构、出版物、节日、民族、特定事物等专有名词的大写。如：

英国Yīngguó　　北京大学Běijīng Dàxué　　国家汉办Guójiā Hànbàn
《人民日报》Rénmín Rìbào　　《时间简史》Shíjiān Jiǎnshǐ
中秋节Zhōngqiū Jié　　汉族Hànzú　　天安门Tiān'ānmén

四、分写连写规则

1. 一般分写连写规则

在书写拼音时，首先应该了解的是要以词为单位来进行书写。比如：

人rén　　手机shǒujī　　图书馆túshūguǎn

（1）表示整体概念的双音节和三音节结构要连写。比如：

大会dàhuì　　胆小dǎnxiǎo　　对不起duìbuqǐ　　吃得消chīdexiāo

（2）四音节及四音节以上表示一个整体概念的名称，如果可以按照词分开，则词和词要分写；如果不能按照词分开，则全部连写。比如：

环境保护规划huánjìng bǎohù guīhuà
中华人民共和国Zhōnghuá Rénmín Gònghéguó
研究生院yánjiūshēngyuàn
古生物学家gǔshēngwùxuéjiā

（3）重叠词分写连写规则

单音节词重叠，需要连写。比如：

人人rénrén　　看看kànkan

双音节词重叠，需要分写。比如：

研究研究yánjiū yánjiū　　通红通红 tōnghóng tōnghóng

重叠和并列的词，形式为AABB，连写。比如：

来来往往láiláiwǎngwǎng　　清清楚楚qīngqīngchǔchǔ

（4）某些缩略词当中可用连接号。比如：

中小学zhōng-xiǎoxué　　陆海空军lù-hǎi-kōngjūn

2. 不同词性的词在句子中的分写连写规则

了解了分写连写的总体规则之后,我们要继续了解不同词性的词在句子中分写连写的规则,这一部分内容相对比较分散,需要记忆的内容比较多,请逐条记忆并多加练习。

(1) 名词在句子中的分写连写规则

名词与单音节前加成分(副、总、非、反、超、老、阿、可、无等),需要连写。比如:

> 副部长fùbùzhǎng　　总工程师zǒnggōngchéngshī

单音节后加成分(子、儿、头、性、者、员、家、手、化、们等),需要连写。比如:

> 桌子zhuōzi　　　　　木头mùtou
> 现代化xiàndàihuà　　同学们tóngxuémen

名词的后面如果有方位词,名词和方位词需要分写。比如:

> 山上shān shàng　　树下shù xià　　河里面hé lǐmian

如果是表示方位的名词,即已经是成词的词语,需要连写。比如:

> 空中kōngzhōng　　地下dìxia　　　海外hǎiwài

(2) 动词在句子中的分写连写规则

动词与后面的动态助词"着""了""过"需要连写。比如:

> 看着kànzhe　　通过了tōngguòle　　讨论过tǎolùnguo

但是,句末的"了"需要分写。比如:

> 火车开了。Huǒchē kāi le.

动词后面有宾语时,动词和宾语需要分写。比如:

> 吃鱼chī yú　　　开玩笑kāi wánxiào

动词(或形容词)与后面的补语,两者都是单音节的,连写;其余情况分写。比如:

> 弄坏nònghuài　　　　熟透shútòu
> 站起来zhàn qilai　　建设成jiànshè chéng

(3) 形容词在句子中的分写连写规则

单音节形容词与前加成分或后加成分,需要连写。比如:

> 蒙蒙亮mēngmēngliàng　　亮堂堂liàngtángtáng

形容词和后面的"些""一些""点儿""一点儿"需要分写。比如：

多些duō xiē　　　　多一些duō yīxiē
快点儿 kuài diǎnr　　慢一点儿màn yīdiǎnr

（4）代词在句子中的分写连写规则

指示代词"这""那"，疑问代词"哪"和名词或者量词在一起时，需要分写。比如：

这人zhè rén　　　　那次nà cì　　　　哪张nǎ zhāng

指示代词"这""那"，疑问代词"哪"后面有"些""样""般""时""边""会儿"时，需要连写。比如：

这些zhèxiē　　　　那时nàshí　　　　哪边nǎbiān

"各""每""某""本""该""我""你"等的后面如果有名词或者量词，需要分写。比如：

各国gè guó　　　　每年měi nián　　　本市běn shì
该公司gāi gōngsī　　我校wǒ xiào　　　某次mǒu cì

（5）数量词在句子中的分写连写规则

数字十一到九十九的整数，十位数字和个位数字需要连写。比如：

十五shíwǔ　　　　三十七sānshíqī　　九十八jiǔshíbā

个位数字和"百""千""万""亿"在一起需要连写；"万""亿"与前面的十位以上的数，需要分写。比如：

九亿零七万二千三百五十六
jiǔyì líng qīwàn èrqiān sānbǎi wǔshíliù
六十三亿七千二百六十八万四千零九十五
liùshísān yì qīqiān èrbǎi liùshíbā wàn sìqiān líng jiǔshíwǔ

表示序数的"第"和数词中间需要加"-"。比如：

第一dì-yī　　　　　　第十三dì-shísān

数词和后面的量词需要分写。比如：

两个人liǎng ge rén　　两间半屋子liǎng jiān bàn wūzi

表示约数的"多""来""几"和数词、量词一起时，需要分写。比如：

一百多个yībǎi duō ge　　十来万人shí lái wàn rén

（6）其他词性的词在句子中的分写连写规则

副词和形容词或者动词在一起时，需要分写。比如：

　　　　很好 hěn hǎo　　　　最大 zuì dà　　　　都来 dōu lái
　　　　刚刚走 gānggāng zǒu　非常快 fēicháng kuài

介词与其他成分一起时，需要分写。比如：

　　　　向东边去 xiàng dōngbiān qù
　　　　关于这些问题 guānyú zhèxiē wèntí

连词与其他成分一起时，需要分写。比如：

　　　　来还是不来 lái háishi bù lái　不但快而且好 búdàn kuài érqiě hǎo

结构助词"的""地""得""之""所"与其他词语一起时，需要分写。比如：

　　　　最发达的国家之一 zuì fādá de guójiā zhī yī
　　　　据我所知 jù wǒ suǒ zhī

语气助词与其他成分一起时，需要分写。比如：

　　　　知道吗？Zhīdào ma?　　　　快走吧！Kuài zǒu ba!
　　　　他会来的。Tā huì lái de.

3. 成语的分写连写规则

四字成语可以分成两个双音节来念的，分写，中间加"-"。比如：

　　　　水到渠成 shuǐdào-qúchéng　　洋洋大观 yángyáng-dàguān

不能分成两个双音节的，全部连写。比如：

　　　　一衣带水 yīyīdàishuǐ　　　　爱莫能助 àimònéngzhù

五、自我测试与练习

1. 我们一块儿去黄山旅游了。
2. 他酷爱北京的传统曲艺。
3. 上海世博会的吉祥物是"海宝"。
4. 我们祝愿好人一生平安。
5. 整个身子好像蓬松的球儿。
6. 汉语传播之路任重道远。
7. 他打算寒假去上海玩儿去。

8. 月亮慢慢地升起来了。

9. 热爱画画儿的岑素背着行囊去写生了。

10. 教室里整整齐齐地摆放着二十张桌子。

11. 贾平凹西安畅谈文学路。

12. 作家莫言喜获诺贝尔奖。

13. 小孩儿爱吃吐鲁番的葡萄。

14. 我朋友希望当一名志愿者去英国教汉语。

15. 你的妹妹可真可爱呀!

16. 我们希望在欧洲开会时有充足的休息时间,另外去四处玩儿玩儿。

17. 天安门广场成了花儿的海洋。

18. 她因平安夜没吃着地道的法国菜而闹别扭。

19. 欢迎报考海外教育学院。

20. 汉语国际推广是一项重要的工作。

自我测试与练习参考答案

1. Wǒmen yīkuàir qù Huáng Shān lǚyóu le.

2. Tā kù'ài Běijīng de chuántǒng qǔyì.

3. Shànghǎi Shìbóhuì de jíxiángwù shì "Hǎibǎo".

4. Wǒmen zhùyuàn hǎorén yīshēng píng'ān.

5. Zhěnggè shēnzi hǎoxiàng péngsōng de qiúr.

6. Hànyǔ chuánbō zhī lù rènzhòng-dàoyuǎn.

7. Tā dǎsuàn hánjià qù Shànghǎi wánr qu.

8. Yuèliang mànmàn de shēng qilai le.

9. Rè'ài huà huàr de Cén Sù bēizhe xíngnáng qù xiěshēng le.

10. Jiàoshì li zhěngzhěngqíqí de bǎifàngzhe èrshí zhāng zhuōzi.

11. Jiǎ Píngwā Xī'ān chàngtán wénxuélù.

12. Zuòjiā Mò Yán xǐhuò Nuòbèi'ěrjiǎng.

13. Xiǎoháir ài chī Tǔlǔfān de pútao.

14. Wǒ péngyou xīwàng dāng yī míng zhìyuànzhě qù Yīngguó jiāo Hànyǔ.

15. Nǐ de mèimei kě zhēn kě'ài ya!

16. Wǒmen xīwàng zài Ōuzhōu kāi huì shí yǒu chōngzú de xiūxi shíjiān, lìngwài qù sìchù wánrwanr.

17. Tiān'ānmén Guǎngchǎng chéngle huār de hǎiyáng.

18. Tā yīn Píng'ānyè méi chīzháo dìdao de Fǎguócài ér nào bièniu.

19. Huānyíng bàokǎo Hǎiwài Jiàoyù Xuéyuàn.

20. Hànyǔ guójì tuīguǎng shì yī xiàng zhòngyào de gōngzuò.

第二节 汉字书写

汉字书写也是面试必考项目，目前出现过的考查形式主要有三种。第一种是直接从写拼音的句子里抽出一个词，比如写拼音给出的题目是：请写出"我比安娜早到天安门广场"这个句子的拼音。写完拼音后，考官继续给出指令：请写一下这个句子里面的"比"这个汉字。第二种是成语书写，考官给出指令：请写一下成语"覆水难收"。第三种是写一句诗，考官给出指令：请写一下诗句"万事成蹉跎"。虽然汉字考试的形式是多变的，但万变不离其宗。我们不难看出，这部分考点其实考查的就是汉字基本功。那么在书写汉字时就需注意单个汉字的结构、笔顺以及汉字的准确性，避免出现错字和别字。备考期间可以多写多练以保证考试时书写准确。

> 汉字书写的考查形式

一、汉字的结构

根据汉字部件的多少，汉字可分独体字和合体字。独体字因为只有一个部件，所以不存在组合方式的问题，但合体字由两个甚至多个部件组成，一定要注意其组合方式，不要写错了部件的位置：

1. 左右组合：左右结构，如"汉、语"
   左中右结构，如"树、谢"
2. 上下组合：上下结构，如"会、字"
   上中下结构，如"器、意"
3. 包围组合：两面包围，如"庆、司、远"
   三面包围，如"问、凶、医"
   四面包围，如"国、围、固"
4. 框架组合：如"坐、巫、爽、噩"
5. "品"字组合：如"品、晶、森"

二、汉字笔顺的基本规则

先横后竖（十）；
先撇后捺（人）；
从上到下（三、芳）；
从左到右（川、汉）；

从外到内（月、同）；
从外到内后封口（四、国）；
先中间后两边（小、水）。

三、常见笔顺易错字

1. 汉字笔顺的特殊规则

（1）先竖后横：如"王"（末两笔的竖、横）、"里"（末三笔的竖、横、横）、"非"（左竖三横、右竖三横）

（2）先撇后折：如"几、九、句、及"
　　　先折后撇：如"刀、万、女、乃"

（3）从内到外：如"边、远、凶、函"

（4）先上再内后竖折：如"区、医、臣、巨"

（5）先两边后中间：如"火、爽"

2. 常见笔顺易错的字

乃：乃乃

与：一与与

万：一丆万

义：丶乂义

车：一㐅乜车

比：一ヒヒ比

丹：丿刀冂丹

火：丶䒑火

丑：乛刀丑丑

毋：𠃋母母

北：丨㇇耂北

凸：丨丄凸凸

凹：丨冂凹凹

母：𠃋母母母

畐：一⺆⺆罒罒畐畐畐

舟：丿⺁几丹舟舟

忖：丶丶忄忄忖

迅：乛乜丮讯迅

里：丨口曰日甲里里

非：丿丿丨丨丨非非非非

垂：丿一二千壬乒乖垂垂

乘：丿一二千千千乖乖乘乘

脊：丶丶丶丷丷ㅆ씌싀脊脊

兜：丿丨白白白白白白兜兜

敝：丶丶丷丷冂巾甫敝敝敝

颐：一丨丅丆臣臣匝匝匝颐颐

四、容易写错的100个成语（括号里面的是常见别字）

1. 淋漓尽致（至）
2. 一枕黄粱（梁）
3. 金碧辉煌（壁）
4. 唇枪舌剑（箭）
5. 饮鸩止渴（鸠）
6. 寥若晨星（辰）
7. 刚愎自用（腹）
8. 靡靡之音（糜）
9. 趾高气扬（指）
10. 栩栩如生（诩）
11. 既往不咎（即）
12. 朝气蓬勃（篷）
13. 穷兵黩武（渎）
14. 矫揉造作（娇）
15. 破釜沉舟（斧）
16. 罄竹难书（磬）
17. 委曲求全（屈）
18. 共商国是（事）
19. 惩前毖后（毙）
20. 炙手可热（灸）
21. 变幻莫测（换）
22. 貌合神离（和）
23. 优柔寡断（忧）
24. 庞然大物（宠）
25. 衣衫褴褛（缕）
26. 无坚不摧（催）
27. 融会贯通（汇）
28. 鬼鬼祟祟（崇）
29. 卑躬屈膝（曲）
30. 如法炮制（泡）
31. 虚无缥缈（漂）
32. 一一列举（例）
33. 如虎添翼（冀）
34. 心悦诚服（臣）
35. 摧枯拉朽（催）
36. 气势汹汹（凶）
37. 惟妙惟肖（唯）
38. 再接再厉（励）
39. 浑然一体（混）
40. 中流砥柱（抵）
41. 为富不仁（人）
42. 励精图治（厉）
43. 煞费苦心（废）
44. 推心置腹（至）
45. 无与伦比（论）
46. 眼花缭乱（燎）
47. 买椟还珠（牍）
48. 因地制宜（治）
49. 咄咄逼人（拙）
50. 微乎其微（忽）
51. 变本加厉（利）
52. 适得其反（事）

53. 唉声叹气（哀）
54. 并行不悖（背）
55. 久负盛名（胜）
56. 神采奕奕（弈）
57. 另辟蹊径（溪）
58. 平心而论（凭）
59. 味同嚼蜡（腊）
60. 幅员辽阔（圆）
61. 趋之若鹜（鹫）
62. 明察秋毫（查）
63. 贪赃枉法（脏）
64. 陈词滥调（烂）
65. 大相径庭（胫）
66. 巧夺天工（功）
67. 妄自菲薄（非）
68. 蜂拥而上（涌）
69. 关怀备至（倍）
70. 兴高采烈（彩）
71. 言简意赅（该）
72. 众口铄金（烁）
73. 坦荡如砥（抵）
74. 安然无恙（殃）
75. 不卑不亢（吭）
76. 讳疾忌医（违）
77. 如愿以偿（尝）
78. 乐极生悲（急）
79. 礼尚往来（上）
80. 杳无音信（沓）
81. 相辅相成（承）
82. 浮想联翩（连）
83. 张皇失措（慌）
84. 徇私枉法（循）
85. 川流不息（穿）
86. 分道扬镳（标）
87. 雷厉风行（励）
88. 和颜悦色（言）
89. 胜券在握（卷）
90. 惹是生非（事）
91. 戛然而止（嘎）
92. 恰如其分（份）
93. 英雄辈出（倍）
94. 欣欣向荣（兴）
95. 惴惴不安（揣）
96. 肆无忌惮（弹）
97. 不骄不躁（燥）
98. 先发制人（治）
99. 恬不知耻（括）
100. 口是心非（事）

不管是常见笔顺易错字还是容易写错的100个成语，都是汉字海洋里微不足道的一部分，如果备考时间紧张，可以以这些字为主，不过最重要的还是平时的积累和练习，多看，多动手写，终会成功。

更多关于汉语拼音及汉字书写方面的知识、规范、整理表等可以参考黄伯荣、李炜主编《现代汉语》第二章、第三章内容，如汉语拼音方案的拼写规则、分词连写的拼写规则、现代汉字的笔顺、常见的别字等。

第五章
近义词辨析

第一节　近义词辨析的角度

近义词辨析是历年来志愿者面试的一大关卡,但是很多考生并没有意识到它的重要性,或许认为只有一个题,或许认为只有十分,或许认为随便说几点也能拿分,所以很多考生在备考的时候,对这一题并没有做好充分的准备。

近义词辨析的重要性

其实不然,近义词辨析的重要性首先在于它的专业性。近义词辨析几乎是汉语国际教育专业考研必考题型,相关专著不在少数,甚至还有近义词辨析词典,比如《1700对近义词语用法对比》《汉语水平考试常见易混词语辨析》等,其专业性不言而喻。近义词的专业性决定了不经过充分有效的准备而想拿高分的可能性微乎其微。其次,近义词辨析是自我介绍环节之后大家要回答的第一道题,很多考生对其都有畏惧心理,生怕自己答不好,因此在紧张的心理状态下想要迅速捋清思路,对于大部分考生,就算是汉语国际教育专业的学生来说,也并非易事。考生如果在这一题发挥失常,不仅会影响心态和后面的答题,甚至会给考官留下一个不好的印象。因为通过这一题,考官就能大致判断考生的专业水准。因此,近义词辨析至关重要。虽然近义词成千上万,不好准备,但是只要掌握了一定的技巧,拿高分也并非难事。

近义词辨析的技巧：框架+角度

近义词辨析的技巧,分为两个主要部分,一部分是答题框架,一部分是辨析角度,后者其实也是包含在前者中的,因为不管是相同点还是不同点,都可以从相同的角度去思考。关于答题框架会在下一节的实例展示中呈现给大家,这里主要先详细介绍近义词辨析的角度,这其中会涉及大量的词汇和语法知识,这些知识只是《现代汉语》的一部分内容,是根据历年考题总结出来的对应试至关重要的部分。学有余力的同学最好是自己再参考《现代汉语》，以保证知识的系统性。

一、词性、用法和搭配

近义词辨析会根据考官所给题目的不同而有不同的辨析角度，并不是完全一致的，但是每一组近义词都可以从以下三个角度进行辨析：词性、用法和搭配。虽然这里我们分成三个角度，但是在回答近义词辨析题目的时候，我们一般会把它们放在一起阐述，因为它们是密不可分的。

1. 词性，其实也就是词类，是根据词的语法功能分出的类别。现代汉语语法一般将汉语的词分为十四类，当然不同的语法教材也会有不同的分类，这里我们采用黄伯荣、廖序东《现代汉语》的观点。首先汉语的词可以分为实词和虚词两大类：实词一般就是有实在意义的能够充当句法成分的词，分别是名词、动词、形容词、数词、量词、副词、代词、叹词、拟声词；虚词指的是不能充当句法成分，只有语法意义的词，分别是介词、连词、助词、语气词。近义词辨析的第一步就是判断词性，这里给出一些简单的例子，帮助大家理解，更多的例子可以去参考现代汉语的相关教材。

名词：书、森林、人口、想法、政治、云、大海、空气、早晨（时间名词）、附近（处所名词）、上（方位名词）

动词：打、跑、消失、在、喜欢（心理动词）、是（判断动词）、愿意（能愿动词）、起来（趋向动词）

形容词：漂亮、可爱、聪明、红彤彤、漆黑

数词：一、十、千、万、三千八百九十九

量词：个、把、只、群、套、批、遍、趟、碗

副词：很、非常、都、已经、不、没、终于

代词：我、你、他、谁、哪里

叹词：啊、哎、哎呀

拟声词：呼呼、哗哗、咚咚

介词：从、沿着、依据、因为、由于、对、对于

连词：和、跟、而且、因为、所以

助词：着、了、过、的

语气词：吧、呢、啊、嘛、啦

从历年志愿者考试真题的统计来看，动词、副词、形容词、名词的考题是最多的，有些是一组相同词性的近义词做比较，有些是不同词性的词做比较，有些词是兼具两种词性的。

2. 用法，即所谓的词语充当什么句法成分或者词语之间的组合能力，也就是前面提到的语法功能。如：

名词：经常充当主语、宾语，如"知识就是力量"。但是主语、宾语这两点一般不会用在同义词辨析里面，大家知道即可。另外名词也可以做定语，这一点在辨析时间、处所、方位名词的时候可以用，如"以前的事情、附近的房子、上面的杯子"。

动词：动词最主要是充当谓语，也可以充当定语等，但是这些在近义词辨析中几乎不用。这里有必要介绍几类特殊动词的用法。能愿动词经常做状语，如"必须去"。趋向动词经常做补语，如"站起来、走上去"。关于动词最常见的要点是重叠，那些可以反复出现的、可以延续的动词一般可以重叠，如"回忆回忆、改善改善"。这里还要介绍一类特殊又常考的词——离合词，指的是既可以合起来用，又可以分开来用的一类词，如"见面、洗澡、睡觉、帮忙"。离合词的功能比较特殊，一般动宾式离合词的重叠式是AAB式，如"见见面、洗洗澡、睡睡觉、帮帮忙"。

形容词：形容词最常见的用法是做定语，修饰名词性成分，如"漂亮的衣服、高大的建筑"；也经常做状语，如"突然来了、勇敢地追求"；还可以做补语，如"走得很慢、洗得很干净"。

副词：一般只能充当状语，如"忽然走了、已经走了"。两个特殊的程度副词"很"和"极"还能充当补语，如"好得很、漂亮极了"，但是这个在同义词辨析考题里出现得比较少。

3. 搭配，就是词语之间的相互组合，也就是什么词可以和什么词组合，什么词不可以和什么词组合。在近义词辨析的答题中，考生只需要讲清楚词语相互之间的组合关系，给出短语或句子形式的例子。

在介绍词和词的搭配关系之前，首先简单说一说汉语句子的基本结构：

汉语句子的基本结构是主谓宾，如"我吃苹果"。
定语一般放在名词性成分前面，如"我吃干净的苹果"。
状语一般放在谓词性成分前面，如"我没吃苹果""我不吃苹果"。
补语放在谓词性成分后面，如"我吃三天苹果"。
词与词的组合搭配有五种基本类型：
主谓结构：生活美好　天气晴朗　明天星期三
动宾结构：买水果　喜欢阳光　交换礼物
偏正结构：漂亮衣服　优异的成绩　很漂亮
联合结构：我和你　讨论并且通过　你或者他
中补结构：吃完　写得很漂亮　搬到南方

在这五种基本结构类型中，动宾、偏正、中补这三种结构类型是使用频率最高的。

志愿者选拔考试近义词辨析环节中，常见的词性、用法、搭配总结如下：

词性	用法	搭配	示例
名词	主语、宾语、定语	数量短语+名词	一本书
动词	谓语、重叠	动词+宾语	帮助老人
形容词	定语、状语	程度副词/否定副词+形容词	很漂亮/不漂亮
副词	状语	副词+形容词/动词	非常美观/忽然离开了
量词	/	重叠	步步高升/条条大路通罗马
介词	/	介词+名词/代词	关于环境污染的问题/从这里
连词	/	连接词、短语、小句	老师和学生/聪明而且可爱

二、词义本身的差异

1. 理性意义

理性意义也就是词汇意义，值得注意的是，在很多近义词辨析中，一组词语的理性意义往往是非常接近的，但是也常常存在差别。比较好判断的是那些一个语素相同、另一个语素不同的近义词，这个不同的语素至关重要。如：

（1）"梦想"和"理想"

"梦想"一般是难以实现的，因此我们会说"世界和平是我的梦想"。

"理想"一般有实现的可能，我们不会说"世界和平是我的理想"。但是我们会说"我的理想是当一名教师"。

（2）"认为"和"以为"

"以为"用于现在已经被证实是错误的事情，如"我以为他走了，原来他没走"。

"认为"是提出判断、意见等，如"我认为这个方案很可行"。

2. 词义轻重、范围大小等

虽然很多时候词汇意义接近，但是人们还是会根据表情达意的需要而选择具有不同特点的词。如：

（1）"短处"和"缺点"

"短处"和"缺点"都是形容人身上的不足、不完美之处。

但是相对来说，"短处"的程度比较轻，"缺点"程度比较重，用"短处"语气相对来说也比较缓和。

（2）"边疆"和"边境"

"边疆"和"边境"都指的是两国交界之处。但是"边疆"指的是靠近国界的地区和领土，所以所指范围较大；"边境"指的是靠近边界的地方，范围较小。

三、词语色彩方面的差异

词语的色彩可以表现在方方面面，常见的是感情色彩和语体色彩。

1. 感情色彩

感情色彩指的是词义的褒贬。如：

（1）"果断"和"武断"

"果断"指做事有决断，不犹豫，是褒义词，用于对人的表扬、赞赏；"武断"指只凭自己的想法轻易下结论做事情，主观片面，是贬义词，用于对人的批评、否定。

（2）"团结"和"勾结"

"团结"表示为实现共同理想而联合，是褒义词；"勾结"表示为进行不正当的活动而暗中结合，是贬义词。

2. 语体色彩

语体色彩指的是在口语中使用还是书面语中使用。如：

"不料"和"没想到"

"不料"和"没想到"都是用于阐述意料之外的事情，但是"不料"多用于书面语，"没想到"更加口语化。

四、搭配对象的性质、范围

从搭配对象上来看，动词所加的宾语、形容词所修饰的对象往往会有性质和范围上的差异。如：

（1）"精彩"和"漂亮"

"精彩"多用来形容内容，指内在的、本质的，如"书的内容很精彩""电影很精彩"。"漂亮"一般只侧重于外表，指外在的、表面的，如"漂亮的衣服""漂亮的外表"。

（2）"交换"和"交流"

"交换"一般是交换礼物、食物、材料等具体的事物；"交流"一般是思想、文化、经验等抽象的事物。

五、其他角度

1. 用于肯定句还是否定句。如：

"不免"和"难免"

"不免"不能用于否定句，"难免"可以用于否定句。不可以说"不免不吃亏"，但可以说"难免不吃亏"。

2. 用于不同句类。如：

"或者"和"还是"

"或者"和"还是"都可以表示选择。"或者"多用于陈述句，"还是"多用于疑问句。

第二节　近义词辨析实例展示

一、答题框架

老师给出题目，考生最好思考30秒，以最快的速度思考回答要点并且组织语言，然后说：

> 各位考官，我的思路是这样的：
> 相同点：
> 　　词性、搭配、用法等
> 不同点：
> 　　词性、搭配、用法等

二、答题技巧

1. 先说相同点，再说不同点，以不同点为主，不同点是关键。
2. 抓住重点，两三点即可，不求全面。
3. 一定要举例说明，例子可以用短语，也可以用句子，无论是短语还是句子，都尽量用简单的词语，例如"看书、吃饭、看电影、打篮球"等，也就是生活中大家常常会用到的话。

4. 对相同点或不同点想不到恰当的描述语言时，直接举例子也可以，也能得分，但是最后最好还是能总结一下。

5. 比较之后如果找不出相同点和不同点，就直接说每个词的用法。例如想不出"不"和"没"的区别，就直接先说"不"的用法，再说"没"的用法。就算什么都想不到，也不要一言不发，至少也要举出一些例子。

三、实例展示

1. 梦想—理想

① 都是名词，如"一个梦想""一个理想"。

② 意义上，都表示目前没有实现的愿望。但是"梦想"一般是难以实现的，如"世界和平是我的梦想"；"理想"一般是可以实现的，如"我的理想是当一名教师"。

③ "梦想"还可以是动词，如"梦想成为一名科学家"。

④ "理想"也可以是形容词，表示让人满意的，如"这个设计很理想"。

2. 旁边—附近

① 都是处所名词，都可以做定语，如"旁边的房子""附近的房子"。

② "旁边"侧重于点，指某个具体位置，如"教学楼旁边是一个操场"；"附近"侧重于面，指周边范围，如"学校附近有很多饭馆儿"。

3. 喜欢—爱好

① "喜欢"是动词，可以加宾语，如"我喜欢书""我喜欢小孩儿"。

② "爱好"是动词，可以加宾语，如"我爱好打篮球"；也可以是名词，如"一个爱好"。

③ "喜欢"是心理动词，前面可以加程度副词"很"或否定副词"不"，如"我很喜欢他""我不喜欢打游戏"。

4. 以前—从前

① 都是名词，表示之前，可以做定语，如"以前的事情""从前的事情"。

② "以前"用在动词的后面，表示时间，如"毕业以前""结婚以前"。

③ "以前"还可以是方位词，如"这排座位以前的同学请站起来"。
④ "从前"一般表示的是很久之前，发生的事情一般与自己无关；"以前"多表示不久之前，要陈述的事情多与自己有关。

5. 危险—风险

① "危险"是形容词，可以做定语，如"危险的事情""危险的人"；可以受程度副词的修饰，如"很危险"。
② "风险"是名词，可以受数量短语修饰，如"一种风险"。
③ 从意义上来讲，"危险"是未知的，但是"风险"是可以预测到的，可以控制的。

6. 比赛—竞赛

① 都是动词，都可以做谓语，如"他们比赛唱歌""大家一起竞赛"。
② 都可以是名词，受数量短语的修饰，如"一次比赛""一场竞赛"。
③ "比赛"比较口语化，生活中常用，如"你敢跟我比赛吗"；"竞赛"一般比较正式，有一定的人数和规则，如"奥林匹克数学竞赛"。

7. 回忆—回想

① 都可以是动词。如"回忆起那件事""回想起那件事"。
② "回忆"还可以是名词，受数量短语的修饰，如"那些回忆""一段美好的回忆"。
③ 从意义上来说，"回忆"和"回想"都是思考过去，但是"回忆"一般是比较深刻的事情，"回想"只是一般地想起过去经历过的事情。

8. 帮助—帮忙

① "帮助"是普通动词，可以直接加宾语，如"帮助老人"。
② "帮忙"是离合词，宾语要用介词引导放在前面，如"给他帮忙"；加补语等成分时需要拆开来使用，如"帮一次忙""帮他的忙"，或者需要重复动词"帮"，如"帮忙帮了三天"。
③ 重叠形式不同，"帮助"是帮助帮助，"帮忙"是帮帮忙。

9. 旅游—游览

① 都是动词，都可以做谓语。
② "旅游"后面不可以直接加宾语，"游览"可以，如"游览长城""游览黄山"。

③ 意义上有所不同，"旅游"是去一个地方休闲玩乐，以求心情愉悦；"游览"是参观某个地方，一边走一边看。

10. 得到—获得

① 都是动词，后面都可以带宾语，如"得到奖励""获得奖励"。
② "得到"后面所加的一般是具体事物，如"得到礼物"；"获得"后面所加的多为抽象事物，如"获得知识""获得表扬"。
③ "得到"的东西不一定需要付出努力，而"获得"的东西一般是要付出努力的。

11. 抱歉—对不起

① 都是用来道歉的，都是动词。
② 前面都可以加程度副词，如"很抱歉""很对不起"。
③ "对不起"后面可以直接加宾语，如"我对不起他"；"抱歉"后面不可以加宾语。
④ "抱歉"可以说"感到抱歉"。
⑤ "抱歉"多用于书面语，"对不起"多用于口语。

12. 规则—规定

① 都表示行为规范，都是名词，可受数量短语的修饰，如"十条规则""六项规定"。
② 从意义上来说，"规则"一般是本来就存在的，长期具有的；"规定"一般是人为制定的。
③ "规则"还可以是形容词，受程度副词的修饰，如"这个图形很规则"。
④ "规定"还可以是动词，如"我们规定一下课堂纪律"。

13. 干净—清洁

① 都是形容词，都可以受程度副词的修饰，如"很干净""非常清洁"。
② "干净"可以重叠成"干干净净"，"清洁"不可以。
③ "清洁"还可以是动词，可加宾语，如"清洁卫生""清洁环境"。
④ "清洁"可以组成"清洁工"。

14. 时髦—流行

① 都是形容词，可以受程度副词的修饰，如"很时髦，很流行"。
② "流行"还可以是动词，后面加宾语，如"流行这种发型"；

"时髦"不能做动词。

③ "时髦"强调新颖入时，多为少数人具有的，范围较小；"流行"强调广泛传布，盛行，范围较大。

15. 红—通红

① 都是形容词，都可以做定语，如"红桌子""通红的苹果"。

② "红"做定语时，一般不加结构助词"的"；"通红"要先加"的"，再带中心语。

③ "红"是性质形容词，前面可以加程度副词，如"很红"；可以加否定副词，如"不红"；可以用于比较句，如"这个苹果比那个苹果红"；还可以用于"越来越……"的格式，如"越来越红"。"通红"是状态形容词，没有以上用法。

④ "红"还可以表示受欢迎，如"这个明星现在很红"。

16. 艰苦—辛苦

① 都是形容词，都可以加程度副词，如"很艰苦""很辛苦"。

② 从意义上来说，"艰苦"一般指的是条件、环境很差，"辛苦"一般指的是事情繁重、劳累。

③ "辛苦"还可以是动词，后面可以加宾语，如"辛苦你了"。

④ "辛苦"可以重叠，表示强调，做状语，如"我辛辛苦苦工作了三个月"。

17. 临时—暂时

① "临时"是形容词，做定语，如"临时工作""临时的决定"。

② "暂时"是副词，做状语，如"暂时不走""暂时离开"。

③ 从意义上来说，"临时"的意思是非正式的，"暂时"的意思是短时间之内。

18. 地道—纯正

① 都是形容词，可做定语，如"地道的英语""纯正的血统"；也可以用程度副词修饰，如"很地道""很纯正"。

② 二者都可表示标准的、没有杂质的意思，但是搭配的对象有所区别，二者都可以搭配口音、语言等，但是"纯正"还可以搭配血统。

③ "地道"可以重叠，如"他是一位地地道道的农民"。

19. 暗暗—偷偷

① 都是副词，可做状语，如"暗暗下定决心""偷偷走了"。

② 从意义上来看，二者都有不公开、不张扬的意思，但是"偷偷"

一般侧重于动作上的,"暗暗"一般侧重于心理上的。

20. 突然—忽然

① 都有出乎意料的意思,都可以做状语,如"突然哭了""忽然哭了"。

② "突然"是形容词,可以受程度副词的修饰,如"很突然";也可以做定语,如"突然的事情"。

③ "忽然"是副词,只能做状语。

21. 偶尔—偶然

① "偶尔"与"经常"相对,多做状语,如"偶尔来一次";也可以做定语,如"偶尔的事"。

② "偶然"与"必然"相对,多做定语,如"偶然事件";也可以做状语和补语,如"偶然碰到他""事情发生得很偶然"。

③ "偶然"可以受程度副词修饰,如"很偶然";"偶尔"不能受程度副词修饰。

22. 曾经—已经

① 都用于表示过去的事情。

② "曾经"侧重于表示过去具有某种行为或情况,如"曾经去过北京""曾经很时髦";"已经"侧重于表示动作、变化完成或达到某种程度,强调过程,如"他已经来了""天已经黑了""爸爸已经七十多岁了"。

23. 刚刚—刚才

① 都用于表示过去发生的事情。

② "刚刚"是副词,表示动作发生不久,如"他刚刚到北京"。

③ "刚才"是时间名词,可以做主语,如"刚才下雨了";也可以做定语,如"刚才的事情"。

④ "刚刚"表示动作发生不久,时间长短依据的是说话人的主观判断,不是客观的,可以是三分钟,三小时,三个月,也可以是三年,如"他刚刚走""他刚刚到这里一个月"。

⑤ "刚刚"后面可以加数量短语,表示刚好的意思,如"刚刚三斤""刚刚三天"。

24. 又—再

① 都表示重复相同的动作,都是副词,做状语。

② "又"重复的动作是已经发生的,发生在过去,如"他又去北京

了"；"再"表示添加相同的动作，可以发生在现在或将来，如"你再想一下"。

③ "又"还可以连接两个动词或者两个形容词，如"又唱又跳""又可爱又聪明"。

④ "再"可以用于表示时间先后，如"先吃饭再洗澡"。

25. 不—没

① 都是否定副词，都可以做状语。

② "不"否定的事情一般是现在和将来的，"没"否定的事情一般都是过去的，"我不吃饭"和"我没吃饭"意思是不同的。

③ "没"还可以是动词，后面加名词做宾语，如"我没钱""他没时间"。

26. 往往—常常

① 都是副词，都可以做状语。

② "常常"表示的是经常性的动作，如"他常常去图书馆看书"；"往往"表示的是因为频率高而形成的一种习惯性的动作，如"他往往去图书馆看书"。

③ "往往"也可以表示一种规律性，如"上海的冬天往往很冷"。

27. 到处—处处

① 都表示各个地方，都可以放在动词的前面。
② 如果后面是具体的动作，只能用"到处"，如"我到处找你"。
③ "处处"可以表示各个方面，如"老师处处关心我们"。

28. 离—从

① 都是介词，都可以构成介词短语。

② "离"所构成的介词短语表示时间和距离，如"离我的生日还有三天""学校离图书馆很远"。

③ "从"所构成的介词短语表示时间或空间的起点，如"从上个月到现在""从北京到上海"。

29. 关于—对于

① 都是介词，用于引进对象。

② "关于"一般侧重于范围，"对于"侧重于针对某个对象，如"关于这个问题""对于这个问题"。两者有微小的差别，前者指和这个问题有关的，后者指这个问题本身。

③ "关于"所构成的介词短语可以单独做标题，如"关于环境污染

的问题"。

30. 次—趟

① 都是量词。

② "次"主要用于动作发生的次数,如"回了两次家""一次比赛"。

③ "趟"侧重于来往的次数,如"我明天去天津一趟";还可以用于在规定的时间和路线上往返的交通工具,如"一趟火车"。

以上选用了30个真题来做展示,但是志愿者历年考试或者各位考生将会遇到的远不止这些。近义词辨析关键在于基础的专业知识、敏锐的语感和答题技巧。近义词辨析的诀窍在于学会抓比较的关键点,不求全面,但是重点一定要抓住,否则就很容易失分。

更多的近义词辨析可参考孔丽华、李丽著《汉语水平考试常见易混词语辨析》。该书从词性、词义、用法、搭配等角度通过表格的形式对200多组近义词、易混词进行了详细分析,在思路上与志愿者选拔考试的答题框架高度吻合。

扫码购书

A Course Book for the Selection of Volunteer Chinese Teachers

第六章 句子偏误分析

第一节 偏误的常见类型

一、偏误分析的出题方式

偏误分析是志愿者选拔考试的重要内容,值得注意的是,写拼音的句子就是偏误分析的考点以及试讲的句子。所以各位考生在写拼音的时候就应该差不多清楚自己的偏误分析和试讲的内容是什么了。

偏误分析的出题方式一般有两种,一种是给出一个病句,让考生判断对错,说出正确句子并给出原因。例如:

(1)那时我没有工作,每天都玩儿过。
(2)她有点儿漂亮。
(3)我去年留学在北京。

第二种是考官给出两个句子,考生判断哪一句正确并说明原因。例如:

(1) A. 我们正在公园散散步呢。
　　 B. 我们正在公园散步呢。
(2) A. 如果明天没有上课,我们就去咖啡馆。
　　 B. 如果明天不上课,我们就去咖啡馆。
(3) A. 我从小一直学钢琴。
　　 B. 我从小一直学了钢琴。

二、偏误类型

分析历年真题，我们可以发现偏误的类型主要有以下四种：

1. 遗漏

例：我爬山了两个小时。
正确的句子应为：我爬山爬了两个小时。

2. 误加

例：我昨天坐了地铁去公司。
正确的句子应为：我昨天坐地铁去公司（了）。

3. 误用

例：明天无论刮风，我们都要去学校。
正确的句子应为：明天即使刮风，我们也要去学校。

4. 错序

例：我去年留学在北京。
正确的句子应为：我去年在北京留学。

三、偏误的原因

1. 母语负迁移

例：我去年留学在北京。
正确的句子应为：我去年在北京留学。
原因分析：在英语中，状语是后置的。

2. 目的语知识的过度泛化

例：越来越很高。
正确的句子应为：越来越高。
原因分析：性质形容词可以用于"越来越……"的格式，但是程度副词加性质形容词不可以。

3. 文化因素负迁移

例如，由于中西方姓名的差异，留学生错把中国人的姓当成名。
原因分析：西方人一般名在前，姓在后。

4. 学习策略和交际策略的影响

例：他是不好人。

正确的句子应为：他是坏人。

原因分析：留学生不会说坏人，直接用不好来代替。

5. 学习环境的影响

学习的外部环境也会使学习者产生偏误，如教师不够严谨的解释和指导、不正确的示范，教材的科学性不强或编排不当，课堂训练的偏差等。

第二节　偏误实例分析

一、离合词

离合词是汉语词汇里的一种非常特殊的现象，考题里出现频率非常高，但是这个考点却是非常简单的。离合词用法特殊，但是基本考点只有以下几个，考生只要熟记下来，并能做到举一反三，就比较容易答题。

关于离合词的特点是和动词用法相比较产生的，主要有以下几点：

（1）离合词不能直接加宾语，需要用介词"和""跟"等将宾语提前，不能说"见面他、结婚他"，而应该说"和他见面、跟他结婚"。

（2）助词、数量补语要放在中间，例如不能说"睡觉了一小时"，而要说"睡了一小时觉"。

（3）离合词的重叠是AAB式，如"见见面、洗洗澡"。

实例展示：

1. "理发"能说成"理了一次发"，但是"汇报"不能说成"汇了一次报"，为什么？

答："理发"是离合词，所以应该拆开来使用，把数量补语放在中间；"汇报"不是离合词，所以数量短语要放在后面，应该是"汇报了一次"。

2. A. 我们正在公园散散步呢。
　B. 我们正在公园散步呢。

答：A是错误的，B是正确的。

原因分析：离合词的重叠形式这里没问题，但是重叠之后表示短

> 离合词的主要考点

时、轻松、尝试等意思，"正在"表示动作持续进行，所以离合词的重叠形式不能用"正在"修饰。

二、词语用法层面

实例展示：

  1. A. 我的家乡很多下雪。
    B. 我的家乡很少下雪。

  答：A是错误的，B是正确的。
  原因分析：表示下雪频率很高可以说"我的家乡经常下雪"。外国学生所犯偏误是由于目的语规则的泛化。在汉语中，"很多"和"很少"是对立的，在很多情况下是平行使用的，例如"书很多，人很少"。但是"很少"还可以用在动词前面做状语，表示频率低，"很多"没有这种用法。

  2. A. 我想去看他。
    B. 我想去看见他。

  答：A是正确的，B是错误的。
  原因分析："看"表示动作，"看见"强调结果，这里是想去做一件事情，还没有结果，所以不能说"我想去看见他"。

  3. "红的包"对吗？怎么解释？

  答："红的包"在表示对比的时候可以说，例如"红的包，绿的衣服"，这时候有强调的意思。"红包"指包着钱的红色纸包，用于馈赠或奖励等，也指手机微信的虚拟"红包"。这是一个词，不可以拆分，有专指性。在单纯地形容一个包的颜色时，我们往往说"红色的包"，例如"这是一个红色的包"。

  4. A. 书包有三本书。
    B. 书包里有三本书。

  答：A是错误的，B是正确的。
  原因分析：存现句可以表示什么地方有什么，主语必须能够用来表示处所。"书包"是普通名词，加上方位词"里"才能够表示处所。

  5. 你喜欢运动不运动？

  答：这句话是错误的，应改为：你喜欢不喜欢运动？

原因分析:"V不V"的形式可以用来询问。根据说话者的原意,应该不是问是否运动,而是问喜欢不喜欢。所以这里"V不V"形式的位置用错了。

6. 那本书借我看看一下。

答:这句话是错误的,应改为"那本书借我看看"或者"那本书借我看一下"。

原因分析:动词的重叠和"动词+一下"都表示时间短,所以这里取其一即可,不需要重复使用。

7. 跳起来舞。

答:这种说法是错误的,应改为"跳起舞来"。

原因分析:"起来"是一个复合趋向动词,后面带宾语时,宾语要放在中间,格式为"V+起+N+来"。

8. 他下课经常吃吃零食。

答:这句话是错误的,应改为"他下课经常吃零食"。

原因分析:动词的重叠表示时间短、尝试等意思,"经常"表示的是反复出现的动作,所以按照句义,不能同时出现。

9. A. 小李叫我早点儿来,车马上要开了。
   B. 小李叫我快点儿来,车马上要开了。

答:A是错误的,B是正确的。

原因分析:"早点儿"表示时间早,"快点儿"表示动作加快,按照句意,应当是动作加快。

10. A. 我姐姐下星期就要结婚了。
    B. 我姐姐下星期快要结婚了。

答:A是正确的,B是错误的。

原因分析:"就要"和"快要"都表示时间接近的意思,但是"就要"前面可以加具体的时间,"快要"不可以。

11. A. 如果明天没有上课,我们就去咖啡馆。
    B. 如果明天不上课,我们就去咖啡馆。

答:A是错误的,B是正确的。

原因分析:"没有"多用于否定过去的事情,"不"多用于否定现在或将来的事情。

12. 我做作业完了。

答：这句话是错误的，应改为"我做完作业了"。
原因分析："完"是补语，应当直接放在动词的后面。如果先加宾语，则要重复动词后直接加补语，即"我做作业做完了"。

三、"过"的用法

实例展示：

"过"是现代汉语里比较重要的一个虚词，用在动词后面，表示经历过某事。

1. 那时我没有工作，每天都玩儿过。

答：这句话是错误的，应改为"那时我没有工作，每天都玩儿"。
原因分析："过"用在动词后，指已经发生的事情，表示的是具体动作的完成。"每天"表示的是惯常性的持续动作。二者相互矛盾。

2. 我每个星期去过一次超市。

答：这句话是错误的，应改为"我每个星期去一次超市"。
原因分析："过"用在动词后，指已经发生的事情，表示的是具体动作的完成。"每个星期"表示惯常性的持续动作。二者相互矛盾。

3. 我每星期去过超市。

答：这句话是错误的，应改为"我每个星期（都）去超市"。
原因如上，这里可以在动词前面加上副词"都"，用于强调和总括。

4. 有一天，我去过图书馆。

答：这句话是错误的，应改为"有一天，我去了图书馆"。
原因分析："过"强调某种经历，"了"表示动作的完成，这里只是陈述"有一天，我做了什么"，所以应该用"了"。

四、"了"的用法

"了"也是非常重要的一个词，历年考题中多次出现。考生系统地掌握"了"的用法可以达到举一反三的效果。"了"的用法总结如下：

（1）用在动词后面，表示具体动作的完成，如"我吃了饭，洗了碗"。

（2）用在句尾，表示一整件事情的完成，有成句的作用，如"我回家了"。

（3）用在形容词的后面，表示状态的改变，如"树叶黄了""天黑了"。

（4）用在名词的后面，表示一种顺序推移性，如"老夫老妻了""博士了""南京了"。

实例展示：

1. A. 我从小一直学钢琴。
   B. 我从小一直学了钢琴。

答：A是正确的，B是错误的。

原因分析："了"放在动词的后面，表示一个具体动作的完成，这里"一直"表示的是习惯性的动作，不能和"了"同现。

2. A. 昨天晚上的饺子我尝一尝，很好吃。
   B. 昨天晚上的饺子我尝了尝，很好吃。

答：A是错误的，B是正确的。

原因分析："尝一尝"表示的是试着做某事，"尝了尝"表示已经做了某事。按照语义，应为"尝了尝"。

3. A. 我买了两张票，我请你看电影。
   B. 我买过两张票，我请你看电影。

答：A是正确的，B是错误的。

原因分析："过"强调的是曾经经历过某事，"了"表示的是完成了某事。按照语义，这里表示"我"做了什么，完成了某事，应该用助词"了"。

4. 去年暑假我没回国了。

答：这句话是错误的，应改为"去年暑假我没回国"。

原因分析：这里"没"表示事情没发生，"了"表示事情已经发生了，所以两者发生了矛盾，要删去"了"。

5. 我是和朋友一起来中国了。

答：这句话是错误的，应改为"我是和朋友一起来中国的"。

原因分析："是……的"用于强调，这里强调的是和谁一起来中国。

6. 我昨天坐了地铁去公司。

答：这句话是错误的，应改为"我昨天坐地铁去公司了"。
原因分析："了"强调具体动作的完成，在这个连谓句中，"坐地铁"是方式，不需要在"坐"后面加"了"，可以将"了"置于整句话的最后，表示这整件事发生在过去，并且已经完成。

五、"有点儿"和"一点儿"

"有点儿"和"一点儿"也是高频考点，考生需要熟记它们的用法。
（1）有点儿+形容词

表示说话人的不满，常用于抱怨，如"有点儿累""有点儿贵"。这里的形容词一般是表示说话人不满意的。

（2）有点儿+心理动词

是一种委婉的表达，避免过于绝对，如"有点儿喜欢他""有点儿讨厌他"。

（3）"一点儿"常常用于比较句中，表示差异，如"我比他高一点儿"。

实例展示：

1. 老师说话一点儿快。

答：这句话是错误的，应改为"老师说话有点儿快"。
原因分析："有点儿+形容词"表示说话人的不满和抱怨。

2. 她有点儿漂亮。

答：这句话是错误的，应改为"她很漂亮""她挺漂亮"。
原因分析："有点儿+形容词"表示的是不满意，后面一般不加褒义词。可以用"很"或者"挺"来表示程度。

六、句子结构层面

实例展示：

1. "我吃饭吃了两个小时"说明的是什么语法现象？

答：这句话的语法现象是：动宾短语加补语要先将动词进行复制，即重复动词，再带补语。这种理论可以称之为动词复制或者动词重叠。

2. A. 我爬山爬了两个小时。
   B. 我爬山了两个小时。

答：A是正确的，B是错误的。
原因分析：同上。

3. 我去年留学在北京。

答：这句话是错误的，应改为"我去年在北京留学"。
原因分析：这里表示处所的介词短语应放在动词前面做状语。这里所犯偏误的原因可能是受到母语的负迁移。

4. A. 她很漂亮。
   B. 她是漂亮。

答：A是正确的，B是错误的。
原因分析：这里是受了母语的负迁移影响，直接将"is"翻译成"是"。汉语里，一般用"很＋形容词"构成句子。这里的"很"并不一定表示程度的高低，而是构成句子的需要。

5. A. 我逛去了颐和园。
   B. 我去逛了颐和园。

答：A是错误的，B是正确的。
原因分析：这是一个连谓句，"去"和"逛"是前后相连的两个动作，应该遵循动作的先后顺序，是先"去"再"逛"，所以第二句话是正确的。

6. 我送给弟弟我的皮袄。

答：这句话是错误的，应改为"我把我的皮袄送给弟弟"。
原因分析：双宾句的远宾语不能是有领属关系的定中结构。因为这样很容易在书面上发生歧义。考题中的例子不明显，我们来看另外一个例子"我送给爸爸妈妈的电脑"。在书面的断句上可能就是"我送给爸爸妈妈的 | 电脑"，结果就变成定中结构了。

7. A. 他比我大三岁。
   B. 他比我三岁大。

答：A是正确的，B是错误的。
原因分析：在比较句中，表示数量的比较成分应该放在形容词的后面。

8. 把饭吃在五道口。

答：这句话是错误的，应改为"在五道口吃饭"。

原因分析："把"字句强调对事物进行处置产生了某种结果，这里"饭"并没有因为"吃"而发生位置上的转移，所以不能用"把"字句。

9. 越来越很高。

答：这句话是错误的，应改为"越来越高"。

原因分析："很+形容词"不能用于"越来越……"的格式，因为"越来越……"表示的是递增或递减，而"很+形容词"的程度已经很高了，同样也不能说"越来越雪白"。

七、关联词

实例展示：

1. 她一边看书，一边很高兴。

答：这句话是错误的，应改为"她看书看得很高兴"。
原因分析："一边……一边……"连接两个动作，表示同时发生，这里"很高兴"是"看书"的结果，可以用补语来表示。

2. 只要我努力学习，就一定通过考试。

答：这句话是错误的，应改为"只要我努力学习，就一定能通过考试"。

原因分析：这句话前面是条件，后面是一种有很大可能性的结果，所以加上"能"，表示可能性，避免绝对化。

3. 明天无论刮风，我们都要去学校。

答：这句话是错误的，应改为"即使明天刮风，我们也要去学校"。

原因分析："无论……都……"格式中，"无论"后面加的应该是可供选择的范围，一般是两个或两个以上的选择项。"即使"后面跟一种极端的情况，表示在极端的情况下也要做某事。

八、歧义分析

实例展示：

1. "发现敌人的哨兵回营房了"是什么意思？

答：一种意思是哨兵回营房了，第一层切分是主谓关系。即"发现敌人的哨兵 | 回营房了"。

另一种意思是发现了什么，第一层切分是动宾关系。即"发现 | 敌人的哨兵回营房了"。

2. 解释"鸡不吃了"的语义和结构。

答：一种意思"鸡"是施事，表示鸡不吃东西了；另一种意思"鸡"是受事，表示不吃鸡了，吃别的。

以上所举均为真题实例。偏误分析要将现代汉语知识与偏误理论相结合。现代汉语知识可以通过专业教材进行系统学习，并形成一定的语感和分析能力。考生在回答有关现代汉语知识问题的时候，一定要先从语感出发，然后结合所学知识去分析，这样才能融会贯通，百战百胜。

对偏误的理解要通过大量的实例分析，找出其中的规律，并与现代汉语知识相结合，掌握分析方法和表述语言。偏误分析方面的复习指导书可参考肖奚强等《外国留学生汉语偏误案例分析》（增订本），考试中可能遇到的很多考点都包括在这本书中。

偏误分析的复习方法和答题技巧

A Course Book for the Selection of Volunteer Chinese Teachers

第七章 说课

第一节 什么是说课

什么是说课

在志愿者面试过程中,有个一分钟的说课环节。那么说课到底是什么?说课和试讲有什么区别?说课应该说什么?

简单地说,说课就是把你的教学思路说给同行和专家听。你需要说明你要教什么、怎么教,还有为什么要这么教。

说课和试讲的区别

说课和试讲有什么区别呢?首先,说课和试讲的对象不同。说课的对象是同行和专家,试讲的对象是学生(这个学生可能是真学生,也可能是老师们根据需要伪装成的学生。在志愿者面试过程中,你要面对的就是面试官假扮的学生)。其次,考查的方面不同。说课,专家想考查的是你对教学的实质性把握;试讲,是考查你的课堂表现。也就是说,说课的时候,你是导演;试讲的时候,你是演员。因此,说课的时候,你要像导演一样镇定、沉稳、条理清晰、有理有据;而进入试讲环节时,你要像演员一样声情并茂、灵活应变。

说课应该说什么

一般意义上的说课,是要较为全面地展示你备课的思维过程,展示你对教学大纲、教材的理解,展示你对学生能力、水平的把握,以及运用相关教育理论和教学原则组织教学活动的能力。

常规的汉语教学说课一般由5个部分构成:说教学对象、说教学内容、说教学目标、说教学步骤、说教学方法。

第二节　志愿者选拔考试说课综述

汉语教师志愿者面试的说课环节只有一分钟，考生很难把教学对象、教学内容、教学目标、教学步骤和教学方法一一说清楚。在这里，我们将帮助大家筛选出在汉语教师志愿者面试中必须要说的内容，并帮助大家理一理说课思路。

一、说教学对象

常规说课的第一部分是说教学对象。说课，为什么把教学对象放在第一位？因为教学对象的特点直接决定了教学内容、教学目标和教学方法。那么，你在说课的时候，就需要交代清楚，你的学生的汉语水平是什么样的，是初级、中级还是高级？学生的母语背景是什么，是英语、俄语、日语还是其他？学生是大学生、中学生、小学生还是儿童？

汉语教师志愿者面试，赴任国是已经确定的，那么你想要去的国家的学生的母语背景是什么，你和面试官都已经很清楚了，在说课中就不需要赘述了。你的教学对象的汉语水平和年龄层次，一般面试官会告诉你，比如"学了五个月的大学生""学了一年的高中生"等。如果面试官没有告诉你学生的汉语水平，你可以通过说课、试讲题目来判定。如果是存现句、比较句这样初级阶段的语法，那么学生的水平可以定为初级阶段；如果是"何况""以免""意味着"这样书面语程度高、语法意义抽象的语言点的话，学生水平可以定为中高级。从历次考试真题来看，考查的语言点都是初级阶段的，可能是基于以下三个原因：一是海外学习者处于初级阶段的多，学到中高级的明显要少，所以面试考题也会以初级阶段为主；二是初级阶段的语言点对面试者来说相对容易一些，中高级的语言点把面试者都考懵了，意义不大；三是初级阶段的语言点比较好出，面试者也比较容易找。那么基于以上三个原因，在志愿者面试过程中考查初级阶段的语言点可能性是非常大的。当你在面试过程中确定教学对象是初级阶段的学习者时，你的教学设计、教学语言就必须符合初级阶段的特点，具体表现为例句难度的控制、活动难度的控制，以及作为教师的教学语言的控制。用相对复杂的词汇和语法来教授相对容易的语言点，是面试当中的硬伤。

基于以上分析，我们的结论是：汉语教师志愿者面试的说课环节中，基本上是不需要介绍教学对象的。那么，刚才我们对教学对象的分析是不是废话？当然不是，你不需要说，不代表你不需要知道，你应该把你的教学对象清晰地勾画在脑海中,这样在说课和试讲中的教学设计才会有针对性。

二、说教学内容

志愿者面试说课和试讲的内容一般是同一个语言点。可能是面试官直接告诉你,比如"结果补语""'把'字句"等;可能是给你一个句子,你先从中找出语言点,然后再进行说课和试讲;也可能面试官既告诉你语言点,也给你一个例句,比如"兼语句,领导派我去上海"。

不管怎么说,说课内容是非常明确的,一定是一个比较典型的语言点,而且非常有可能是初级阶段的语言点。

那么,就请大家好好复习一下初级阶段的语言点,一边复习,一边思考,如果面试考到这个语言点,你会怎么处理。

怎么复习呢?你可以找一套初级汉语教材,北京语言大学出版社、北京大学出版社、商务印书馆的汉语教材质量都很高。你也可以参考语法教学用书,如《三一语法:结构·功能·语境:初中级汉语语法点教学指南》和《国际汉语教师语法教学手册》,对说课、试讲以及今后的教学工作都会有极大的帮助。

扫码购书

三、说教学目标

教学目标分为四个方面:认知领域、技能领域、情感领域和策略。

有授课经验的人应该知道,教学目标的制定是需要花时间认真筹划的,不可能一拍脑袋就想出来,同时我们也知道,志愿者面试的说课环节没有准备的时间,因此一般情况下,面试官是不指望你阐述教学目标的,除非有特殊的情况。这种特殊的情况是什么呢?就是你的说课和试讲完全没有教学目标,或者你的教学操作严重偏离了应有的教学目标,这个时候,面试官会敏锐地感觉到你的教学目标出现了问题,会用提问的方式提醒你,你的教学有问题。因此,虽然说课当中不需要提,但还是应该明确知道教学目标具体都是什么。

1. **认知领域**:包括语言知识、语用规则、文化历史知识等。
2. **技能领域**:主要是听说读写言语技能和言语交际技能。
3. **情感领域**:主要是语言中所蕴含的文化知识、文化理解意识、跨文化交际和国际视野。
4. **策略**:主要是学习策略、交际策略和情感策略。

四、说教学步骤和教学方法

教学步骤和教学方法是说课的核心，也是试讲的核心。

一个语法点的基本教学步骤是：导入—讲解—操练。

在说课和试讲的过程中，面试官最关注的就是如何导入、怎样讲解、如何操练，还有在各个环节中，你所使用的教学方法。

所以，大家一定要认真复习一下初级阶段的语言点，一边复习一边思考如何设计导入、讲解和操练环节。

在进行教学设计之前，你一定要了解这个语言点的基本结构是什么、可以用来做什么、什么时候用。《三一语法：结构·功能·语境：初中级汉语语法点教学指南》，就是想让大家养成一个基本的语法教学思路：设计教学步骤之前，先厘清一个语言点的结构、功能和使用的典型语境。在此基础上，你要进行教学步骤的设计，如何导入、如何讲解、如何操练，这方面可参考《国际汉语教师语法教学手册》。

第三节　志愿者选拔考试说课范例

在前两节，我们向大家介绍了说课是什么、应该怎么说课。在这一节里，我们将为大家展示一个说课范例。

在面试过程中，面试官给你一个句子："他把黑板擦干净了。"让你从中找出语言点，并进行说课。

分析

首先你应该考虑：句子当中蕴含的语言点是什么？它的结构是什么？功能是什么？典型语境有什么？

> 结构：主语+把+宾语+动词+补语（完、好、干净、整齐）+了
> 功能：主语所发生的行为引发的结果
> 典型语境：整理房间、打扫卫生

把语言点分析透彻之后，开始设计教学步骤。

导入，你可以用直接体验法，先在黑板上乱写乱画一些东西，然后问学生：

> 教师：你们看，黑板干净吗？
> 学生：不干净。
> 教师：××同学，请你到前边来擦一下黑板。
> （学生擦完黑板）
> 教师：现在呢？现在黑板干净吗？
> 学生：现在黑板很干净。
> 教师：用"把"怎么说呢？可以说：××同学把黑板擦干净了。

到这里，导入就圆满完成了，接着进入讲解环节。你先把例句写在黑板上：××同学把黑板擦干净了。

然后结合例句问学生：××同学擦了什么？

学生答：黑板。

你接着问：黑板怎么样了？

学生答：黑板干净了。

这样提问的目的是启发学生自主发现这一句型的结构和意义。同时，一定板书句子格式。

那么语言点的教学是不是就结束了呢？不是，你需要进行操练。操练"把"字句最好的方式是情景法。

比如：展示一张脏衣服的图片，问学生：这件衣服干净吗？

学生答：不干净。

你接着说：我洗了洗，大家看，现在干净吗？

学生说：干净了。

你接着问：用我们今天学的"把"怎么说？

学生答：我把衣服洗干净了。

至此，你就完成了机械操练。接下来，要进入交际性练习。

既然这一语法的典型场景是整理房间、打扫卫生，你就可以准备同一房间的两张照片，一张是打扫、整理前的，一张是打扫、整理后的，告诉学生这是你的房间，让学生两人一组，找找不同，并说明你都做了什么。

那么学生可以产出的句子有：

> 老师把脏衣服洗完了。
> 老师把窗户擦干净了。
> 老师把桌子上的书整理好了。
> 老师把鞋子放整齐了。
> 老师把房间打扫干净了。

你脑中的教学构想是这样的，那你应该怎么进行说课呢？

范例

各位考官,大家好。我要教授的语言点是:

主语+把+宾语+动词+补语+了

我会使用直接体验法进行导入,先在黑板上乱写乱画一些东西,然后问学生:

教师:你们看,黑板干净吗?

学生:不干净。

教师:××同学,请你到前边来擦一下黑板。

（学生擦完黑板）

教师:现在呢?现在黑板干净吗?

学生:现在黑板很干净。

教师:用"把"怎么说呢?可以说:××同学把黑板擦干净了。

把例句板书在黑板上后,我会进入讲解环节。我先结合例句问学生:

教师:××同学擦了什么?

学生:黑板。

教师:黑板怎么样了?

学生:黑板干净了。

这样提问的目的是启发学生自主发现这一句型的结构和意义。同时,我会板书句子格式。

接着我将使用情景法对这一语言点进行机械性练习,最后设计一个交际性练习。我会准备同一房间的两张照片,一张是打扫、整理前的,一张是打扫、整理后的,告诉学生这是我的房间,让学生两人一组,找找不同,并说明我都做了什么。

那么学生可以产出的句子有:

老师把脏衣服洗完了。

老师把窗户擦干净了。

老师把桌子上的书整理好了。

老师把鞋子放整齐了。

老师把房间打扫干净了。

以上就是我的说课内容,谢谢考官。

第八章 试讲

第一节 什么是试讲

说课与试讲的区别

说课是教师对指定语言材料的教学思路进行总括性的说明和介绍，目的是让同行或专家了解课程的教学对象、教学内容、教学环节、教学方法与技巧等。而试讲是在说课的基础上，选取课程中的部分内容，模拟演示课堂教学过程。说课反映了教师的语言知识和教学理论水平，而试讲则重点体现了教师在相关理论的指导下运用各种教学方法与技巧授课的课堂实际操作能力。因此面试者在试讲时一定要避免使用叙述式的方式，以免再次回到说课环节。

志愿者面试的试讲

在志愿者面试中，试讲的题目一般是指定的，比如"'V+过'这一语法点学生已经掌握了，请你用两到三种练习形式进行操练""教有两个月汉语学习经历的小学生掌握学习用品的名称"等。题目中除了指定教学内容以外，还有针对教学对象等的一些具体要求，因此大家在试讲前一定要从教学对象、教学内容、教学环节等多方面进行审题，务必要审对题。本章第二节将结合真题对这一问题进行详细解答。

试讲环节的考查重点

在教学中，课堂是一个比较复杂的教学环境，包含教师和学生两大主体。作为一名合格的汉语教师，我们需要通晓专业知识、掌握必要的教学方法和技巧，同时还需要具备一定的课堂管理能力。在志愿者面试中，试讲重点体现了教师对教学方法与技巧的实际运用能力；同时，扮演学生的考官通常会以各种形式"扰乱"课堂，以此来考查面试者的课堂管理能力。试讲结束后，考官一般会针对试讲内容提出一些知识性的问题，进一步考查面试者的专业知识水平。本章第三、四、五节分别从语言点试讲的方法与技巧、课堂应急策略以及试讲实例展示三个方面对整个试讲过程进行全方位阐释。

第二节 审题

无论参加哪一种考试，我们都不能越过审题这一步。因为只有审对了题，才有可能答对题。这对于经常参加考试的考生来说可能是"废话"，而这里我们之所以重点谈审题，是因为志愿者面试的试讲题目中有的要求试讲一节完整的课，有的要求试讲某一环节，而有的则规定了具体的教学对象。由于试讲时间非常有限，如果不能抓住题目重点、做到准确审题，那就很可能"一败涂地"，所以我们不仅要审题，而且还要审对题。那么审题时应该重点审哪些内容呢？

第一，审教学内容。一般而言，教学内容大致可分为语法、词汇、语音、汉字、课文、文化等若干部分。志愿者面试的试讲内容以语法和词汇居多。例如：

（1）兼语句，如"校长派张老师去上海"。
（2）教授颜色词。
（3）教有两个月学习经历的小学生掌握学习用品的名称。

很明显，例（1）的教学内容是语法，而例（2）（3）是词汇。只有审对了教学内容才能选对教学方法，这是审题的第一步，也是最关键的一步。

第二，审教学环节。在审对教学内容的基础上，我们也要审对教学环节：是讲解还是操练抑或是讲练结合？考生一定要做到心中有数。教学环节大致可按照导入—讲解—操练的顺序依次进行，具体到语法、词汇、汉字、课文等部分又有所差异。志愿者面试的试讲题目有的对教学环节有要求。例如：

（4）"V+过"这一语法点现在学生已经掌握了，请你用两到三种形式进行操练。
（5）"明天会下雨吗"用多种方式练习"会"表推测。
（6）"吃什么饭""睡什么觉""着什么急"中"什么"的用法有什么特殊的地方？请给学生讲解"什么"这个语法点。

例（4）（5）都不要求讲解，只要求操练，考生只需要对语言点进行操练即可，而例（6）的重点则是讲解，在时间允许的情况下稍加练习即可。

第三，审教学对象。教学对象是教学的一个重要因素，没有教学对象，教学也就无从谈起。只有审对了教学对象，试讲才能更有针对性。志愿者面试的试讲题目有的不指明教学对象，考生可根据教学内容自行设定；而有的则规定了具体的教学对象。例如：

（7）你的授课对象是学习了三个月汉语的美国中学生，今天要讲解"还是"，必须用到"今天冷还是昨天冷"这个句子，请把我们当成你的学生。

（8）结合"估计西安的东西有点儿贵"讲讲"估计"这个词，教学对象是小学五年级的学生。

例（7）的教学对象是"中学生"，母语背景是"美国"，汉语水平是"学习了三个月汉语"；例（8）的教学对象是小学生，学龄是"小学五年级"。由此可见，审教学对象不仅要审年龄，还要审与之相关的各种因素，比如性别、职业、母语背景、学习水平、学习动机、语言环境等。要结合教学对象设计教学活动，而教学活动也要体现教学对象的特点。

教学是一个由教师、学生、教材等多种要素共同构成的系统。因此，除了教学内容、教学环节、教学对象以外，审题时，我们也要注意试讲题目中对教师身份、教材、教学环境等要素的规定和要求。总之，万万不可"一厢情愿"地想讲什么讲什么，想怎么讲就怎么讲，一切要按题目的要求进行。

第三节　语言点试讲的方法与技巧

语言点的教学环节一般分三步：导入、讲解、操练。根据志愿者面试的试讲要求，我们将结合具体的教学实例通过展示教学过程帮助大家熟悉和掌握每一环节的教学方法和技巧。

一、怎么导入语言点？

导入，顾名思义即"引导进入"，"引导"是方式，"进入"是目的，是将语言点使用的典型语境以真实自然的方式展示给学生，并配合典型例句，使学生在此过程中体会句子的意思，了解句子的句法和语用特征[①]。例如导入存现句"墙上挂着一张地图"：

师：大家看，我们教室里有什么东西？

---

① 《国际汉语教学 语法教学方法与技巧》，朱文文、苏英霞等著，北京语言大学出版社，2015年。

生：地图、桌子、照片、书、本子……
师：很好！教室的墙上呢？
生：教室的墙上有地图。
师：地图放在墙上吗？
生：不是，地图挂在墙上。
师：非常好！多少地图呢？
生：一张地图。
师：因为地图挂了以后一直在墙上，所以我们可以说"墙上挂着一张地图"。（教师板书例句）
这就是我们今天要学习的语法"地方+V+着+数量+东西"。（教师板书结构）

导入的目的

导入的目的不仅是为了帮助学生了解语言点，也是为语言点的讲解和操练做铺垫。那么语言点的导入有哪些方法与技巧呢？

1. 实物法

什么是实物法

实物法指利用生活中的实物导入语言点，比如用日历表、时钟导入时间表达，用学生不熟悉但是感兴趣的东西（如驴打滚）导入动词重叠，用一大一小两个苹果导入比较句，等等。

例1：时间表达法
教师提前准备一个时钟。
师：大家说，我们早上什么时候上课？
生：我们早上九点上课。
师：很好！这是九点。（把时钟拨到九点钟，并板书）
（把时钟拨到九点一刻）那这是几点呢？
生：九点十五分。
师：对。我们也可以说"九点一刻"。（板书）
（把时钟拨到九点半）那这又是几点呢？
生：九点三十分。
师：非常好！我们也可以说"九点半"。（板书）
（把时钟拨到九点五十）这是几点呢？
生：九点五十分。
师：很好！我们也可以说"差十分十点"。（板书）
这就是我们今天要学习的语法。

例2：动词重叠（如"试一试"）
教师提前准备一盒驴打滚。
师：大家来看，这是什么东西？
生：不知道。

师：请大家看一看。（板书"看一看"）
　　你们知道吗？
生：我们不知道。
师：请大家尝一尝。（板书"尝一尝"）
　　你们知道吗？
生：我们不知道。
师：这是我们今天的语法"V（一）V"。（板书结构）

在志愿者面试试讲时，由于不知道会遇到什么题目，所以面试者无法提前准备实物，因此我们建议大家可以把考场的板擦之类的东西当作教具，模拟教学。比如，我们可以拿着两张纸问："请大家告诉我，哪个苹果大？左边的还是右边的？"

2. 图片法

图片法就是利用图片信息导入语言点。由于图片比较形象，容易操作，所以这种方法用途比较广泛。比如用一张全家福导入形容词谓语句，用两三组变化图导入"越来越+Adj."，用姐姐和妹妹的照片导入比较句，等等。

例1：形容词谓语句（如"老师的妈妈很漂亮"）

教师提前准备一张全家福。

师：大家来看，这是老师家的全家福。
生：哇……
师：这是老师的妈妈，她怎么样？漂亮吗？
生：漂亮！
师：我们可以说"老师的妈妈很漂亮"。（板书例句）
生：（跟说）老师的妈妈很漂亮。
师：这是老师的妹妹，她怎么样？可爱吗？
生：可爱。
师：我们可以说"老师的妹妹非常可爱"。（板书例句）
生：（跟说）老师的妹妹非常可爱。
师：这是我们今天要学的语法"S＋Adv.＋Adj."。（板书结构）

例2：越来越+Adj.

教师提前准备三张图片。

师：大家来看老师的照片，这是老师十岁的，这是十五岁的，这是二十岁的。老师的个子变高了吗？
生：变高了。
师：我们可以说"老师的个子越来越高了"。（板书例句）
生：（跟说）老师的个子越来越高了。

师：大家再来看，老师变漂亮了吗？
生：变漂亮了。
师：所以我们可以说"老师越来越漂亮了"。（板书例句）
生：（跟说）老师越来越漂亮了。
师：这是我们今天要学的语法"S+越来越+Adj."。（板书结构）

图片法是一种很常见的语言点导入方式，但是在利用图片法导入语言点时要保证图片的典型性，否则容易导致学生接收不到信息或者接收的信息有偏差；同时尽量不要拿班里学生的照片做比较，更不要举反面例子，比如在导入比较句时，像"麦克比汤姆帅"这样的例子最好不要出现，容易伤害学生的自尊心；另外，在志愿者面试试讲中没有现成的图片可供使用，有条件的面试者可以画简笔画，没有条件的面试者可以以"文"代"图"，也就是说，在草稿纸上写上图片的信息，比如"大苹果、小苹果""中国地图""成龙的照片"等，在试讲的时候一边讲一边展示给考官即可。

3. 动作演示法

动作演示法是指通过学生或者教师的动作演示导入语言点。

例1：复合趋向补语（如"走过来"）

师：大家看，老师在做什么？（教师走出教室）
生：老师出去了。
师：老师怎么出去的？是跑出去的吗？
生：不是，老师走出去。
师：很好，老师走出去。大家再看，老师在做什么？（教师走进教室）
生：老师走进来。
师：非常好！（板书例句"老师走出去""老师走进来"）
生：（跟说）老师走出去。老师走进来。
师：这是我们今天要学的语法"V+出／进／过……+来／去"。（板书结构）

例2："把"字句（如"他把行李放在机场了"）

师：（教师指着桌子上的杯子）大家看，这是什么？
生：杯子。
师：杯子现在在哪儿？
生：杯子现在在桌子上。
师：（教师把杯子放在椅子上）杯子现在在哪儿？
生：杯子现在在椅子上。
师：很好！谁放的？

生：老师放的。

师：非常好！我们可以说"老师把杯子放在椅子上了"。（板书例句）

生：（跟说）老师把杯子放在椅子上了。

师：（教师指着旁边的椅子）大家看，这是什么？

生：椅子。

师：椅子现在在哪儿？教室的前面还是后面？

生：椅子现在在教室的前面。

师：（教师请麦克把椅子搬到教室后面）椅子现在在哪儿？

生：椅子现在在教室的后面。

师：很好！谁搬的？

生：麦克搬的。

师：很好！我们可以说"麦克把椅子搬到教室的后面了"。（板书例句）

生：（跟说）麦克把椅子搬到教室的后面了。

师：这就是我们今天要学的语法"S+把+O+V+在／到+地方"。（板书结构）

动作演示法适用于动作性比较强的语言点，动作的执行者可以是教师，也可以是学生。除了可以运用在上述两例中，在导入被动句、双宾句等语言点时都可以使用这种方法。需要注意的是，在志愿者面试试讲中，大家如果想使用动作演示法，可以自己演示动作或者假装让学生演示，尽量不要让考官现场演示，以免尴尬的情况发生，耽误时间，影响面试成绩。

4. 以旧带新法

以旧带新法是指通过已学的语言点引出新的语言点。比如，在导入可能补语时，可以通过复习结果补语的方式进行；同样，我们可以通过简单比较句导入等比句等。

例1：可能补语（如"我听不懂你说的话"）

师：同学们，昨天的作业做完了吗？

生：做完了。／没做完。

师：今天我们的作业是写一篇100000字的作文，可以做完吗？

生：不可以。

师：如果可以做完的话，我们说"做得完"。

　　不可以做完，我们就说"做不完"。（板书）

生：（跟说）做得完、做不完。

师：老师的话，大家可以听懂吗？

生：可以听懂。

师：所以我们可以说"听得懂"。

如果不可以听懂，我们要说"听不懂"。（板书）

生：（跟说）听得懂、听不懂。

师：很好！这是我们今天要学习的语法"V+得／不+结果"。

（板书结构）

例2：等比句（如"明天和今天一样冷"）

师：大家好！今天天气怎么样？冷吗？

生：今天很冷。

师：今天是3度，昨天是4度，怎么说呢？

生：今天比昨天冷。／昨天没有今天冷。

师：很好！我看了一下天气预报，明天也是3度。

明天冷吗？

生：明天也很冷。

师：和今天比呢？

生：一样。

师：所以我们可以说"明天和／跟今天一样冷"。

（板书例句）

生：（跟说）明天和／跟今天一样冷。

师：那么今天和昨天一样冷吗？

生：不一样。

师：所以我们可以说"今天和／跟昨天不一样冷"。

（板书例句）

生：（跟说）今天和／跟昨天不一样冷。

师：非常好！这是我们今天要学习的语法
"A+和／跟+B+一样+（Adj.）"。（板书结构）

以旧带新法在复习已学内容的同时导入新语言点，可谓是一举两得、一箭双雕。但是在使用的时候要对语言点之间的联系以及语言点的教学顺序谙熟于心，所以对于面试者而言，最好能对语言点的教学顺序做一个整体的梳理，以便在面试试讲时得心应手、游刃有余。

5. 情景提示法

所谓"情景提示法"，顾名思义，就是利用真实情景或者创设新情景导入语言点。跟实物法、图片法等方式相比，情景提示法不需要过多地准备教具，容易操作，比较常见。比如：

例1：是……的（如"麦克是昨天回国的"）

利用班里最新发生的事情：麦克回国。

师：大家知道麦克去哪儿了吗？

生：他回国了。
师：他是什么时候回国的？
生：昨天。
师：很好！我们可以说"麦克是昨天回国的"。（板书例句）
生：（跟说）麦克是昨天回国的。
师：他是怎么回国的？走路吗？
生：不是，坐飞机。
师：所以我们可以说"麦克是坐飞机回国的"。（板书例句）
生：（跟说）麦克是坐飞机回国的。
师：这就是我们今天要学习的语法"S+是+……+的"。
（板书结构）

例2：选择疑问句（如"他是美国人还是英国人"）
创设一个新情景：新同学来了。
师：明天，我们班要来一名新同学。
生：哇……
师：校长告诉我，可能是美国人，也可能是英国人，大家想知道他是哪国人吗？
生：想知道。
师：所以我们可以问校长"他是美国人还是英国人呢"。
（板书例句）
生：（跟说）他是美国人还是英国人呢？
师：校长还告诉我，他可能上午来，也可能下午来，大家想知道他什么时候来吗？
生：想知道。
师：所以我们可以问校长"他上午来还是下午来呢"。
（板书例句）
生：（跟说）他上午来还是下午来呢？
师：非常好！这就是我们今天要学习的语法"A还是B（呢）"。
（板书结构）

除了上述两例，情景提示法还可以用在反问句以及"只要……就……""与其……不如……"等复句中。对于面试者而言，这种方法比较便捷，容易上手。但是需要注意的是，在选择情景时要尽量保证情景的典型性，情景选得越典型，学生就越容易理解，语言点的引入也就越自然。

上述五种导入方式比较常见，使用率较高。当然，除此之外，还有对比法、扩展法等不同的导入方式，面试者可以根据语言点的不同特点灵活选择不同的导入方式或者是几种方式相结合，避免因为导入方式不当造成学习者理解上的偏差和混淆。同时，因为试讲时间非常有限，导入过程不能占用太多时间，所以不管使用哪种方式，举一到两个例句即可，而且一定要简洁明了、通俗易懂、由易到难、循序渐进，进而为语言点的讲解和操练打下良好的基础。

二、怎么讲解语言点？

语言点的讲解是指，在导入的基础上对语言点的结构、语义以及语用特征进行简洁明了的解释，帮助学生扫除理解上的障碍，为语言点的操练奠定基础。

所谓"结构"是指语言单位各成分的句法特征以及成分之间的句法位置关系；"语义"包括语言单位各成分的语义特征、各成分之间的语义关系以及整个语言单位的基本意义；"语用"指的是语言单位所具有的表达功能和交际用途。例如比较句"今天比昨天冷"，结构是"A+比+B+Adj."，表达的语义重点是"今天冷，昨天不太冷"，主要用来表示同类事物之间的比较。但是并不是所有语言点的这三个方面都需要讲解。因为语言点的特点不同，学习者的语言背景、知识结构、学习风格等也不尽相同，再加上受教学方法的影响，每个语言点的讲解重点也是不同的。例如"请你帮我订一个房间，只要舒服就行"，这句话中的"只要……就行／可以"在结构和语义上都不难理解，不过和表示充分条件的"只要……就……"不同，这里的"只要……就行／可以"的语用功能是用来表达说话人的要求不高，所以讲解重点是语用功能。但是这并不是说，结构和语义就可以不用讲了，而是需要一定的方法与技巧，那么讲解语言点有哪些方法与技巧呢？

一般来讲，语言点的讲解分为两步：

第一步：用公式符号法列结构。

公式符号法指通过公式和符号的形式展示语言点的特点，为结构形式的讲解奠定基础。展示语言点的结构形式是讲解的开始，同时也是导入的结果。具体如下面两例所示：

例1：被动句"S+被+（O）+V+结果"

板书：S+被+（O）+V+结果

　　　他的自行车被（小偷儿）偷走了。

　　　他的衣服被（雨）淋湿了。

例2：动词重叠"A（一）A" "ABAB"

板书：A（一）A　　　ABAB

　　　听（一）听　　学习学习

　　　看（一）看　　休息休息

例3："有点儿+Adj.""Adj.+一点儿"

板书：有点儿+Adj.　　Adj.+一点儿
　　　　长　　　　　短
　　　　贵　　　　　便宜

第二步：用提问引导法讲结构、语义或语用功能。

例1：（承接第一步例1中的被动句）

师：谁偷走了他的自行车？

生：小偷儿。

师：什么淋湿了他的衣服？

生：雨。

师：所以我们把"小偷儿"和"雨"放在"被"的前面还是后面？

生：后面。

师：很好！如果我们不关心是谁做的，只关心结果，我们就不用说"小偷儿"和"雨"。那么这两个句子怎么说呢？

生：他的自行车被偷走了。/他的衣服被淋湿了。

师：非常好！

师：那么他今天倒霉不倒霉？

生：倒霉。

师：所以当倒霉的时候，我们可以用被动句。

例2：（承接第一步例2中的动词重叠）

师：听一听，我们也可以怎么说？

生：听听。

师：非常好！那看一看呢？我们还可以怎么说？

生：看看。

师：很好！可是我们可以说"学习一学习"吗？

生：不可以。

师：非常好！所以当动词是两个音节的时候只能说"ABAB"。

例3：（承接第一步例3中的"有点儿+Adj.""Adj.+一点儿"）

师：有点儿长、有点儿贵，你喜欢吗？

生：不喜欢。

师：不喜欢怎么办？你希望怎样？

生：短一点儿、便宜一点儿。

师：非常好！所以"有点儿+Adj."表示不喜欢、不满意；"Adj.+一点儿"表示希望得到的结果。

由于用公式符号法展示语法结构形式一目了然，所以除非需要特别注意的地方，一般情况下可以忽略对结构形式的讲解，比如对"有点儿+

Adj.""Adj.+一点儿"的讲解,形容词的位置通过结构展示已经被学生所了解,所以讲解重点就可以放在语义和语用功能上。

值得注意的是,无论是展示语法结构还是解释语义和语用特征,都尽量避免使用"主语、兼语、介词、不定指"等语法专业术语,最大可能地使用一些通俗易懂的语言和方式。比如"连……也／都……",其语用功能是用来形容程度之深,所以要求"连"后面的句法成分具备"极端"这一语义特征,因此我们可以结合典型例句通过图示的方式讲解,如下所示:

最少　　　　　　　　　　　　　　　最多

总而言之,语言点的讲解一要遵循"精讲"的原则,既要简洁明了又要准确无误;二要做到"浅出",汉语教学的终极目标是帮助学生掌握汉语的各项技能,不是学习语法理论,课堂教学的作用就是在各种理论的指导下通过简单易懂的形式教会学生汉语技能,所以看似"小儿科"的讲解背后其实隐藏了一名教师的深厚功底。

三、怎么操练语言点?

语言点的操练是指在讲解的基础上采用多种形式帮助学生掌握并熟练运用语言点,进而达到交际的目的。常见的语言点操练形式有替换法、变换法、句子排序法、完句法、看图说话、情景提示法、游戏法、任务活动法等。

1.替换法

替换法是用给定词语替换句子中的某些部分,是一种非常常见的操练形式。

例1:正在+V+呢

　　A:你正在做什么呢?
　　B:我正在写作业呢。

| 上课 | 打电话 | 洗衣服 |
| 吃饭 | 听音乐 | 看电影 |

例2：用"过"表达过去经历
　　　我去过内蒙古。

吃	北京烤鸭
听	相声
看	武术表演

2. 变换法

变换法是指将一个句子形式变换成另外一个句子形式。如肯定句变成否定句、"把"字句变成"被"字句、陈述句变成疑问句、单句变成复句等。

例1：肯定句变否定句
肯定句：昨天我去长城了。
否定句：昨天我没去长城。

例2："把"字句变成"被"字句
"把"字句：麦克把手机摔坏了。
"被"字句：手机被麦克摔坏了。

例3：单句变复句
单句：玛丽会唱歌。玛丽会跳舞。
复句：玛丽不仅会唱歌，还会跳舞。

3. 句子排序法

句子排序法就是将所给的词或者短语重新排序组成句子。

例1：办公室　老师　你　请　去
　　　老师请你去办公室。

例2：一辆车　过来　前面　开
　　　前面开过来一辆车。

例3：北京　我　很好　印象　对　的
　　　我对北京的印象很好。

4. 完句法

完句法是用指定的词或者短语完成句子或者对话。

例1：给出前半句，完成后半句。
　　　我一回家就＿＿＿＿＿＿＿＿。
　　　我一到电影院，电影就＿＿＿＿＿＿＿＿。（一……就……）

例2：给出后半句，完成前半句。
　　　＿＿＿＿＿＿＿＿，所以我没去。（因为……所以……）

_____，而且他也不会做。（不但……而且……）

例3：完成对话。
A：来中国留学有什么好处？
B：_____。（既……又……）

5. 看图说话

看图说话是用指定的表达方式描述图片。

例1：存现句（如"桌子上放着一本书"）

例2：一边……一边……（如"他们一边吃东西一边看平板电脑"）

6. 情景提示法

情景提示法是按照所给的情景用指定的语言点表达。

例1：强调句"是……的"

教师：A同学，你去过上海吗？
生A：我去过上海。
教师：你是什么时候去的？
生A：我是上个月去的。
教师：你是一个人去的吗？
生A：我不是一个人去的，我是跟B同学一起去的。
教师：B同学，你们是怎么去的？
生B：我们是坐火车去的。
……

例2：能愿动词"能VS会"

教师：你会开车吗？

生A：我会开车。

教师：10岁的时候你会开车吗？

生B：我不会开车。

教师：你的车一个小时能跑多远？

生C：我的车一个小时能跑80km。

教师：如果你喝醉了还能开车吗？

生D：如果喝醉了我就不能开车了。

……

7. 游戏法

游戏法就是通过游戏的形式帮助学生掌握和运用所学语言点，同时也起到活跃课堂气氛的作用。

例1："是"字主谓句

蒙眼猜人

蒙住学生A的眼睛，指定学生B站起来，让A通过3个问题来猜B是谁，如"他是男生吗"，全班一起回答"是"或"不是"。

例2：肯定句／否定句

红绿灯

教师制作一个红灯和一个绿灯的标牌，告诉学生绿色标牌代表肯定句，红色标牌代表否定句。教师走到学生面前先给出提示词，然后举牌，让学生说句子。

8. 任务活动法

任务活动法是指让学生用学过的语言点来完成相关的交际任务。

例1：比较句

主题任务：给老师准备生日礼物。

任务要求：（1）三至四个人一组，一起用"比"字句商量准备什么生日礼物。

（2）各组代表说出商量的过程（每个人的意见）以及最后的决定，并说出理由。

评价方式：各组投票决定老师的生日礼物。

例2：有点儿VS一点儿

主题任务：退换货。

任务要求：（1）两人一组，一人是卖家，一人是买家。

（2）买家买了一个东西（衣服、电脑、自行车等），但是不合适，要求退货或者换货。

（3）至少说出不满意的三个方面。

检查方式：向全班同学表演，全班同学决定到底是换还是不换、退还是不退。

上述操练形式按照操练过程中学生表达的自由度可分为不自由练习、半自由练习以及交际练习。不自由练习的句子和词语都是既定的，学生不能自主选择，比如替换法、变换法、句子排序法等。半自由练习是通过教师设定的情景或给出的上下文让学生进行表达练习，学生表达的内容是相对开放的，比如完句法、看图说话、情景提示法等。交际练习是通过一些交际性的活动，让学生运用所学语言点自由表达，提高学生的语言交际能力，比如游戏法、任务活动法等。

对于面试者而言，我们需要特别提醒以下几点：

第一，备考时熟练掌握若干种操练形式。这里的"掌握"不仅仅是如何在实际课堂中操作运用，同时也要求面试者在没有任何教具的试讲中"模拟"运用。比如，采用替换法、变换法、句子排序法、完句法时以"练习题"的形式呈现；用以文代图的方式展示"图片"；用"自问自答"完成课堂互动等。

第二，试讲时选择两到三种操练形式。由于试讲的时间非常有限，再加上写板书的时间，真正留给面试者的时间特别紧张，所以不宜准备过多的练习形式。我们建议根据语言点的难易程度或者题目的要求，选择两三种形式，每种形式三四个例句即可。

第三，试讲时注意使用必要的操练技巧，增加课堂互动。这里的"操练技巧"主要指领说和跟说相结合、"齐唱"和"独唱"相结合。教师领说，学生需要跟说；跟说时可以先一起说再单个说，也可以先单个说再一起说。同样，学生在回答教师的问题时，可以先一起说再单个说，也可以先单个说再一起说，教师要根据问题的难度进行适当的引导，增加师生以及生生之间的互动。

第四节 词汇试讲的方法与技巧

在志愿者选拔面试的试讲中，词汇也是主要内容之一。比如：

（1）教授颜色词语。

（2）教有两个月汉语学习经历的小学生掌握学习用品的名称。

（3）如果你面对的是有十个月汉语基础的学生，这节课你要教他们和坐飞机有关的词语，比如飞机场、机票、航站楼、出租车等。请用一分钟说课，五分钟讲课，再设计三个练习环节。

一般而言，词汇的处理方式和语言点的处理方式大同小异。"同"是环节相同，两者都可按照"导入—讲解—操练"的步骤进行；"异"是细节不同，语言点一般是一个完整的个体，而词汇是若干个体的集合，个体与个体之间比较独立。这就决定了两者在细节的处理上有所不同。具体来讲，词汇的处理方式一般是"读—讲—练"，不仅更加突出"读"这一环节，"讲"和"练"也有一些特定的方法和技巧。那么，在志愿者面试的试讲中，我们应该怎么"读、讲、练"呢？

一、怎么"读"？

汉字是音、形、义的结合体。在生词教学中，"读"一是帮助学生准确发"音"，二是让学生正确识别生词字"形"，从而为后续的讲练做准备。

从时间顺序上来讲，"读"这一环节可以以预习的形式安排在"讲"之前，即讲前读；或者以复习的形式安排在"讲"之后，即讲后读；还可以两者结合。

从具体操作上来讲，"读"可以分为领读、齐读和点读。"领读"指教师领读，学生跟读。"齐读"即全体学生一起读。"点读"一是点读学生，即教师要求某一个或者某一组学生读；二是点读生词，即教师指定某一个或者某一组生词要求学生读。前者的重点在于检查个别学生对生词的掌握情况，而后者关注的则是重难点生词。在试讲过程中，一般是先领读、再齐读、后点读，也可以先领读、再点读、后齐读。总之，考生可以根据实际情况灵活调整三者的顺序。

二、怎么"讲"？

在回答"怎么讲"的问题前，我们需要明确生词"讲什么"。如果说"读"关注的是生词的"音"和"形"，那么"讲"的重点就在于"义"，即生词的意思。仅仅如此吗？当然不是！事实上，我们更应该关注生词的用法，只有掌握了生词的用法，才能组词成句、组句成篇，进而达到技能训练的目的。

在实际的词汇教学中，对于生词的意思，教材中一般会有翻译，再加上教师会要求学生提前预习，教师一般无须做过多的讲解。同样，在志愿者面试时，尽管没有任何背景信息，考生也不需要对生词的意思进行反复讲解，可以通过图片法或者情景举例等方式检验学生是否已熟悉生词的意思。比如，在讲"飞机场"这个词时，教师可以先展示"飞机场"的照片，然后提问"这是哪儿"。如果学生回答对了，那说明学生

读书笔记

已经明白这个词的意思了，教师就可以讲解用法了。反之，教师可以自己说出答案，通过带读的方式帮助学生理解生词意思。再如"大方"，在讲解"大方"表示动作自然、不紧张不扭捏时，教师可以以情景举例的方式请学生谈一谈"第一次跟男（女）朋友约会时的表现"，根据学生的回答总结出什么是"大方"。当然，在讲解生词意思时，教师完全可以通过母语翻译或者中文解释的方式直接告诉学生生词的意思，但是汉语的词语与外语并非一一对应，也并非每一个学生都能听懂教师的中文解释，这就需要教师通过一些特定的方式与技巧帮助学生理解生词。

讲解用法

生词讲解的另一个重点就是用法。词类不同，用法也不同，教师讲之前，一定要先弄清楚所讲生词的用法，然后再根据学生水平与材料难度决定讲哪些、不讲哪些、怎么讲。比如讲名词时要给出与之相搭配的量词，讲动词时要说明动作的对象或者动作的发出者，讲形容词时要注意与之搭配的副词以及形容词所修饰的对象等。如下表所示。

词类	生词举例	用法搭配	举例	
			短语	句子
名词	超市	量词"家"	一家超市	学校外面有一家超市。
	篮球	量词"个"	一个篮球	我有一个篮球。
		动词"打"	打篮球	男生喜欢打篮球。
动词	尝	动词重叠	尝一尝、尝尝	请大家尝一尝。
	提醒	提醒+人（+做什么）	提醒我 提醒奶奶带手机	你记得提醒我一下。 我常常提醒奶奶带手机。
形容词	紧张	副词"很、不"等	很紧张、不紧张	考试的时候，我很紧张，他一点儿也不紧张。
	满意	副词"很、不"等	很满意	父母很满意。
		对……满意	对学习很满意	父母对我的学习很满意。
		满意……	满意自己的工作	我不满意自己的工作。
副词	刚	S+刚+V	刚回来	爸爸刚回来。
	竟然	S+竟然+V/Adj.	竟然没听出来 竟然这么多	他竟然没听出来我的声音。 超市的人竟然这么多。
介词	从	从……来	从美国来	我从美国来，你从哪儿来？
		从……到……	从北京到上海 从昨天到现在	从北京到上海的火车马上就要开了。 从昨天到现在，他一点儿东西也没吃。
连词	和	N/Pron.+和+N/Pron.	爸爸和妈妈 我和他	爸爸和妈妈都喜欢看电影。 我和他都是韩国人。
助词	的	……+的+N	我的家人	我的家人都在国外。
		……的（"的"字短语）	他的、红的、吃的	我的车在这里，他的在那里。 那件红的最好看，你试试。 吃的已经准备好了。

一般来说，同一词类的词都具有某些相同用法。但是这并不意味着同一词类的词用法都是一致的。事实上，每一个词的语法功能有典型与非典型之分，同一词类的词之所以可以归为一类主要是根据词语的典型语法功能。因此，教师在讲解生词用法时一方面可以根据生词的词性来"套"用法，另一方面也要注意生词本身的特殊性，具体情况具体分析。

另外，值得注意的是，对于副词、虚词以及熟语来说，有些用法相对比较复杂，比如"究竟、几乎、不管、宁可、对于、至于、着（助词）、怪不得"等，在试讲中考生可以将其作为一个小的语言点进行处理。

三、怎么"练"？

生词的操练形式可以分为两种：单练与合练。

单练，即讲完一个生词练一个。比如，教师讲完"姐姐"这个词以后，针对"有／没有姐姐"和"数+量+姐姐"两种用法进行练习：

师：大家有姐姐吗？
麦　克：我有姐姐。
山　本：我没有姐姐。
……
师：麦克，你有几个姐姐？
麦　克：我有一个姐姐。
师：李恩泰，你呢？
李恩泰：我有两个姐姐。

生词单练的方法有图片法、情景举例法、动作演示法、完句法等。需要注意的是，生词单练的内容不能仅限于词或者短语，一定要落实到完整的句子上，比如要求学生输出完整的句子，而不能只是一两个词语。另外，由于时间限制，例句不宜过多，根据生词的难度，练习两到四个例句即可。

合练，即生词全部讲完以后一起练。练的方式可以从不自由练习到半自由练习再到交际练习，比如选词填空、完句法、情景举例法、图片法、猜词法、故事串联、讲故事等等。这和语言点的练习形式大同小异，因此这里我们不再做过多解释。

生词操练时，对于单练与合练，我们不是从中任选其一，而是要将两者有机结合起来。先单练再合练，单练针对个别生词，合练着眼于生词整体。在志愿者面试的试讲中，考生可以选择两种方案，一种是重点单练、其次合练；一种是重点合练、其次单练。所谓的"重点"，简单地说，就是在操练形式、操练例句、操练时长上都有所侧重。具体该选择哪种方案，可以视具体生词而定。

第五节　课堂活动设计

课堂活动是汉语课堂教学的重要组成部分。成功的汉语课堂活动不仅有助于活跃课堂气氛、锻炼学生的自主学习能力，更有助于促进学生的课堂所学向自动化转变，从而达到学以致用的教学目标。在志愿者面试的试讲中我们应该如何组织课堂活动才能保证教学效果，从而顺利通过面试呢？

一、活动前

组织课堂活动前，需要明确两件事情：

首先，明确教师角色。课堂活动的目的是在特定的语言环境下为学生创造相对自然的交流机会，使学生能运用课堂所学进行有意义的沟通。如果整个课堂活动是一部电影的话，那么学生就是演员，教师就是导演兼幕后人员。课堂活动这部戏要交给学生来演，至于怎么演那就是教师说了算了。所以，实施前的策划者、实施中的调节者、实施后的总结者才是教师在课堂活动中的真正角色。每一个角色只有各司其职、各尽其责，才能保证一部电影的完成。而作为"总导演"的教师更应该明确自己的角色、恪守自己的职责，这样才能保证课堂活动的顺利完成，达到活动目标。

其次，设计活动方案。活动设计是课堂活动的准备阶段，课堂活动的目标能否实现很大程度上取决于活动设计的好坏，因此课堂活动前一定要设计好活动的方案，不能为了活动而活动，更不能"任性"地活动。那么应该怎么设计课堂活动呢？第一，明确活动目标；第二，确定活动主题和形式；第三，设置活动任务和要求；第四，细化实施步骤；第五，确定评价形式；第六，展示成果（备选）。例如：

目标	1. 通过改编课文，加深学生对课文的理解 2. 在成段表达的基础上，强化学生的会话交际能力 3. 锻炼学生的合作能力，促进彼此之间的了解，加深同学之间的感情
主题	一个富翁的幸福故事
形式	参考《奇迹梦工厂》的形式，设两位"导师"，两组演员
任务	总任务：把课文内容改编成一个情景剧 具体任务：两个小组表演情景剧，两位"导师"做好评价和录像工作
要求	1. 参考语言点：靠……做……、只有……才……、每……就…… 2. 表演出指定的词语： 　穷、好心、富翁、慈善、感激、甜到心里的感觉、充满、美好 3. 角色：富翁（小时候、长大后）、好心人、路人、用人等 　（除要求之外，学生可根据需要自由设计角色） 4. 时间：准备时间10分钟，表演时间20分钟，评价时间10分钟
实施	1. 讲明任务要求和注意事项（1分钟） 2. 分成两组（5人一组），确定两名学生"导师"（2分钟），提供道具"一块糖" 3. 学生准备、教师巡视、两位"导师"仔细阅读评价单（10分钟） 4. 两组成员汇报表演，"导师"仔细观察并录像，教师做笔记（20分钟）
评价	1. "导师"评价并选出"最佳演员"和"最佳合作小组" 2. 教师反馈（两组的表演、"导师"的评价）
成果展示	"导师"把视频发到班级的微信群里，供大家回顾

二、活动中

在课堂活动中，一个好的设计是课堂活动顺利完成的保障，而活动的实施却是课堂活动成败的关键。有教学经历的汉语教师可能都会有这样的感受，那就是提前准备好的教案内容在课堂上并不能百分之百地实现。这与教案设计、学生的准备、学生当天的精神状态以及出勤情况等都有关系。教师根据实际情况做出一些调整其实是"教无定法，贵在得法"在课堂上的具体表现，是教师应具备的一项重要的应变能力。

因此，活动实施中教师要坚持五个"不"：一不代替学生实施语言任务，二不"抢夺"学生的话语，三不在任何一组停留过长时间，四不"坐视不管、熟视无睹"，五不离开教室。

三、活动后

课堂活动实施后，及时反馈、给予评价是对学生负责的一种表现。活动总结作为"反馈"的一种形式，在实际的教学中往往会"由于时间关系"而草草了事，抑或以改正几个语言点而简单收尾。如此这般，学生失去参与的热情也情有可原。因此每一次活动结束都要给学生一个公平公正的"交代",并着重从语言点、交际技巧、合作方式三个方面给予学生真诚的反馈,肯定学生的"劳动成果",鼓励学生积极参与课堂活动。

第六节 板书设计

板书是课堂教学不可或缺的一部分。清晰规整的板书不仅可以帮助学生掌握教学重点,也有利于教师对教学内容以及教学重难点的把握。不管志愿者面试的试讲对板书有没有要求,考生在试讲过程中,一定不要忘记板书。由于时间非常有限,再加上板书会占用一部分时间,如何合理地设计板书就显得极为重要。

一、板书的内容

板书的内容通常是教学重点,但是并非所有的教学重点都需要板书,简单地来讲,板书的内容就是关键的字、词、句。比如,对于语言点而言,板书的内容一般是结构和例句;生词的板书内容通常是生词的用法;而课文的板书内容大多是文章的结构和关键字词。例如:

```
S + 把 + O + V + 结果
我   把   照片   贴   在墙上了。
妈妈 把   衣服   洗   干净了。
```

```
1. 司机:N    一个司机
2. 打算:V    打算+做什么
        N    有/没有打算
3. 便宜:Adj. 很/非常/不便宜
4. 真:Adv.   真+Adj.
```

```
小李最近……
    怎么了——感冒
    为什么——穿得少、天气
    怎么样——咳嗽、头疼
    怎么办——喝水、保暖、开窗户
```

无论教学内容是什么，教学方法有哪些，写板书时要做到五个"不"和三个"可以"：不写专业术语、不写错别字和错别字母、不写连笔字和连笔字母、不连篇累牍、不乱写乱画，可以标重点、可以写符号、可以画简笔画。总之，板书的内容一定要精简、规范、整洁。

二、板书的类型

板书的类型主要取决于教学内容和教学方法。大到一篇文章，小到一个生词，板书的形式各有不同。即便同一教学内容，教师的教学方法不同，板书的形式也会有所差异。下面我们介绍几种常见的板书类型，以供大家参考。

1. 常规类

```
        V + 过
我      去      过  西藏。
大家    参观    过  故宫。
他没有  吃      过  北京烤鸭。
```

2. 对比类

```
有点儿 + Adj.      Adj. + 一点儿
☹        短          长        ☺
         大          小
         贵          便宜
```

3. 图示类

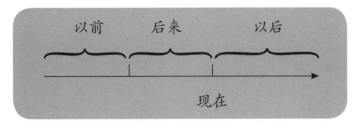

4. 表格类

	米饭	果汁	苹果	牛奶	面包
吃	√		√		√
喝		√		√	

读书笔记

"五不" "三可以"

在志愿者面试的试讲中，时间紧任务重，考生不必过多地纠结于板书的形式，要先审一审教学内容是什么，想一想采取什么教学方法，然后再设计板书。也就是说，要从内容到形式，而非用形式去套内容。

第七节　试讲中的课堂问题及应对策略

在志愿者面试的试讲过程中，考官会扮演成学生予以配合，也会不时地以学生的口吻提问或者刁难"老师"，以此来考查面试者对试讲内容的理解以及处理课堂问题的能力。那么，在试讲过程中"学生"会提出哪些问题呢？"老师"又该如何应对呢？

我们认为，课堂问题有广义和狭义之分。从广义上来讲，在上课过程中产生的所有问题都是课堂问题，比如知识性问题、课堂纪律问题、突发事件等；而狭义的课堂问题主要指学生在上课过程中所提出的知识性问题。就语言教学而言，知识性问题是与教学内容紧密相关的语法、词汇、语音等问题，比如"老师，我不明白（这个语法）""'我游泳了三个小时'可以吗""'忽然'和'突然'一样吗"等。而面试试讲过程中以知识性问题居多，因此本节主要讨论课堂中的知识性问题以及应对策略。

一、理解障碍——换方法

一般而言，目前的教学方法基本上都是讲练结合。"讲"是为了扫除理解障碍，为"练"做准备。然而，并不是所有内容都能被学生理解，也不是所有学生都能理解教师所讲的内容，这就产生了"理解障碍"，通俗地来讲，就是"没整明白"。比如：

（1）老师，我不明白……
（2）老师，您能再讲一遍吗？
（3）老师，意思是……吗？
（4）（认真思考，沉默不语……）

出现上述情况的原因有很多，比如内容难度大，教学方法欠佳，学生注意力不集中等。就志愿者面试而言，一旦被问到与"理解障碍"有关的问题，要多从教学方法上找原因：要么按照原来的方法重复一遍所讲的内容，要么换一种教学方法。但是既然考官提出了这样的问题，那就很可能对考生的教学方法有所质疑，所以考生首先要摆正心态，明白这是考官对自己的考验；然后换一种教学方法，耐心讲解，使教学内容更容易被学生理解，比如结构图示法、图片法、情景提示法等。

二、错误运用——多练习

众所周知，语言是一项技能，理解语言不是目的，更好地运用语言才是最终目的。受多种因素的影响，学生在运用过程中总会或多或少地出现语言错误或者偏误。在志愿者面试的试讲过程中，考官有可能会故意发错音、用错词、说出一个错误的句子或者直接问某个句子对不对等。比如：

（1）师：发（fā）生（shēng）
　　　生：发（huā）生（shēng）
（2）师：你家里有多少狗？
　　　生：我家里有两头狗。
（3）师：你把钱包放在书包里了吗？
　　　生：我把钱包没有放在书包里。
（4）老师，可以说"我的女儿很漂亮和可爱"吗？

对于这类问题，考生首先要明确错误或者偏误的原因。比如，例（1）中学生是"f"和"h"不分，把"f"发成"h"；例（2）是量词使用不当；例（3）是副词在"把"字句中的位置有问题；例（4）是没有掌握汉语"和"的用法以及与英语"and"的区别。在明确了原因之后，考生需要先对知识点进行精讲，然后配合以足够的练习。

需要注意的是，在练习的过程中，"老师"可以先纠正"学生"的错误，然后再让全班同学一起练习，最后再检验一下该"学生"是否已经准确掌握某一知识点。如果该"学生"的问题总是纠正不过来，"老师"可以暂时将之"搁置"，并告诉他"下课后，我们再一起练习"，以免影响课堂教学的正常进行。总而言之，要重点关注有问题的学生，同时也要兼顾全班同学。

三、同义混淆——巧对比

在语言中，有时同一个意思可以有多种表达方式，这就不可避免地会产生很多同义词或者同义句式，尤其以同义词居多。在实际的课堂教学中，易混淆词辨析是词汇教学的重点之一。同样，在志愿者面试的试讲中，同义混淆也是课堂中容易出现的一个重要问题。比如：

（1）老师，"终于"和"最后"一样吗？

（2）这个（关于中国的传统文化，我了解得很少）可以用"对于"吗？

（3）我觉得这个（被动句）有点儿难，可以说"小偷儿偷走了我的钱包"吗？

汉语是词汇极其丰富的语言，同时也遵循语言中的经济性原则，没有意义完全相同的词，也没有意义完全相同的句式。因此，在解释易混淆词或者句式时，我们建议各位"老师"可以先从相同点入手，告诉"学生"什么时候可以互换，然后重点针对不同点进行对比练习。比如，"终于"和"最后"的基本意义相同，但是在用法上却是不同的。在语义上，"终于"侧重于通过努力得到自己想要的东西或者达到自己预期的目标（如"我终于考上大学了"），"最后"只表示顺序，没有上述意思（如"我先去上课，然后去图书馆，最后再去食堂吃饭"）；在语法搭配上，"最后"可以用在"最后的+N"中（如"最后的晚餐"），而"终于"不可以。由此可见，讲练易混淆词或句式的关键是找准不同点，巧对比，多练习。

第八节　语言点试讲实例展示

一、试讲实例（一）

> 你的授课对象是学习了三个月汉语的美国中学生，今天要讲解"还是"，必须用到"今天冷还是昨天冷"这个句子，请把我们当成你的学生。

1. 审题：

教学内容：A还是B（呢）？
教学对象：学习了三个月汉语的美国中学生
教学环节：讲练结合
其他要求：必须用到例句"今天冷还是昨天冷"

2. 教学设计:

教学环节	教学方法与技巧
导入	情景提示法:我们班要来一名新同学
讲解	展示语法结构
	说明语义语用功能
操练	图片法(学生问老师)
	关键词提示(学生互问)
课堂活动	猜东西
总结	师生互问互答

3. 试讲过程:

▶ 导入

师:同学们好!我们开始上课!
　　明天我们班要来一名新同学。
生:哇……
师:校长告诉我,可能是男生,也可能是女生,大家想知道吗?
生:想知道。
师:所以我们可以问校长"新同学是男生还是女生呢"。(板书例句)
生:(跟说)新同学是男生还是女生呢?
师:校长还告诉我,他可能上午来,也可能下午来,大家想知道他什么时候来吗?
生:想知道。
师:所以我们可以问校长"新同学上午来还是下午来呢"。(板书例句)
生:(跟说)新同学上午来还是下午来呢?

▶ 讲解

师:非常好!这就是我们今天要学习的语法"A还是B(呢)"。(板书结构)

```
           A      还是  B         (呢)?
新同学是  男生    还是  女生      (呢)?
新同学    上午来  还是  下午来    (呢)?
```

师：（指着板书上的问号）大家看，这些都是什么？
生：问题。
师：很好！所以"还是"用在问句中。

▶ **操练1：图片法**

（第一组图片：昨天最高气温5度，今天最高气温3度）

师：（指着第一张图：昨天最高气温5度）大家说，昨天冷吗？
生：昨天很冷。
师：今天呢？
生：今天也很冷。
师：今天和昨天哪一天更冷？你知道吗？
生：知道／不知道。
师：（针对回答"不知道"的学生）用"A还是B（呢）"怎么问？
生：今天冷还是昨天冷？
师：非常好！麦克，请再说一遍。
麦：今天冷还是昨天冷？
师：很好！大家来看这张图。（第二张图片：今天的最高气温3度）
生：今天比昨天冷。

（第二组图片：公交车、地铁）

师：你知道老师怎么来上班吗？
生：不知道。
师：用"A还是B（呢）"怎么问？
生：老师，你坐公交车还是坐地铁来上班？
师：非常好！玛丽，请再说一遍。
玛：老师，你坐公交车还是坐地铁来上班？
师：很好！我坐地铁来上班。

（第三组图片：上午十点、下午三点）

师：你知道老师明天什么时候有课吗？
生：不知道。
师：用"A还是B（呢）"怎么问？
生：你上午有课还是下午有课？
师：很好！瑟琳娜，请再说一遍。
瑟：老师，你上午有课还是下午有课？
师：非常好！我上午和下午都有课。

▶ 操练2：关键词提示法

> （1）在家休息、出去玩儿
> （2）中餐、西餐
> （3）打球、跑步

师：琳达，星期天你想在家休息还是出去玩儿？
琳：我想在家休息。
师：（用手示意琳达用第二组词问汤姆）
琳：汤姆，你喜欢吃中餐还是西餐？
汤：我喜欢吃西餐。
师：（用手示意汤姆用第三组词问奥玛斯）
汤：奥玛斯，你喜欢打球还是跑步？
奥：我都不喜欢，我喜欢爬山。
（依次类推，根据教师提供的关键词学生之间互问互答）

▶ 课堂活动

说明：教师提前准备好若干种东西，如笔、书、苹果、手机、杯子、茶叶等，放在一个大箱子里。

师：同学们看，我这里有一个大箱子，箱子里有很多东西（教师把东西的名字写在黑板上）。现在我们分成三组，每组派一个代表上来，各组代表上来随便用手摸住一个东西，组内其他成员用"A还是B（呢）"来问，代表可以回答"A""B"或者"都不是"，每组两分钟的时间，最后猜对最多的组获胜。
现在老师来做，大家来看。（教师和其中的一组学生示范）
（学生分组进行中）
师：我们一起来看哪一组猜对的最多。
生：第二组。
师：非常好！祝贺你们！

▶ 总结

师：今天我们学习的是什么？
生：A还是B（呢）？
师：很好！那么大家下课以后去食堂还是回宿舍呢？
生：我回宿舍。／我去食堂。
师：（示意学生让学生问老师）
生：老师你去食堂还是回家？

师：我回家。
　　大家学得非常好！下课！我们明天见！
生：明天见！

二、试讲实例（二）

> 现在，学生已经掌握"V+过"这一语法点了，请你用两到三种形式进行操练。

1. 审题：

教学内容：V+过
教学对象：已经掌握语法点"V+过"
教学环节：两到三种形式操练

2. 教学设计：

教学环节	教学方法与技巧
操练	找朋友
	图片法
	比一比谁的经历最多

3. 试讲过程：

▶ 操练1：找朋友

说明：教师将准备好的词语打乱顺序写在黑板上，让学生组句。

> 弟弟、我、妹妹、朋友、吃、玩儿、听、学、喝、唱、过、杧果、啤酒、牛排、咖啡、这首歌、开车、西班牙语、过山车

师：同学们，我们一起来帮"过"找朋友，比如"我吃过杧果"，找的又多又对的同学就是我们今天的"汉语之星"。
生1：妹妹学过西班牙语。
生2：我玩儿过过山车。
生3：弟弟唱过这首歌。
……
师：玛丽找得最多，也都对了！恭喜玛丽成为我们今天的"汉语之星"。

▶ **操练2：图片法**

（图片：中国长城、太极拳、饺子、京剧）

师：大家来看（第一张图片），这是哪儿？

生：长城。

师：你去过长城吗？

生：我去过／没有去过长城。

师：麦克，你去过长城吗？

麦：我去过长城。

（学生互问互答）

师：（第二张图片）他在做什么？

生：他在学太极拳。／不知道。

师：你学过太极拳吗？

生：我学过／没有学过太极拳。

师：（示意麦克）麦克，你来问汤姆。

麦：汤姆，你学过太极拳吗？

汤：我没有学过太极拳。

（学生互问互答）

师：（第三张图片）她在做什么？

生：她在吃饺子。

师：你吃过饺子吗？

生：我吃过／没有吃过饺子。

师：（示意汤姆）汤姆，你来问玛丽。

汤：玛丽，你吃过饺子吗？

玛：我吃过饺子。

（学生互问互答）

师：（第四张图片）他们在做什么？

生：看京剧。

师：你看过京剧吗？

生：我看过／没有看过京剧。

师：（示意玛丽）玛丽，你来问琳达。

玛：琳达，你看过京剧吗？

琳：我没有看过京剧。

（学生互问互答）

▶ **操练3：比一比谁的经历最多**

说明：教师将动词结构和名词结构分两列写在黑板上，让学生根据提示用"V+过"说自己的经历。

去过	纽约、伦敦、北京……
喝过	白酒、红茶、葡萄酒……
吃过	火锅、北京烤鸭、意大利面……
参加过	足球比赛、奥林匹克运动会、啤酒节……

师：同学们来看，我们看看谁的经历最多。
　　老师去过很多地方，比如纽约、伦敦等，你们呢？
生1：我去过北京。
生2：我去过印度。
……
师：老师喝过白酒，你们呢？
生3：我喝过葡萄酒。
生4：我喝过红茶。
……
师：老师吃过北京烤鸭，你们呢？
生5：我吃过意大利面。
生6：我吃过火锅。
……

三、试讲实例（三）

> 结合"估计西安的东西有点儿贵"讲讲"估计"这个词，教学对象是小学五年级的学生。

1. 审题：

教学内容：语言点"估计"
教学对象：小学五年级的学生
教学环节：讲练结合
其他要求：结合"估计西安的东西有点儿贵"

2. 教学设计：

教学环节	教学方法与技巧
导入	情景实例：麦克怎么没来上课？
讲解	展示结构形式：S_1＋估计＋S_2＋V，并说明用法
操练	完成句子
	图片法
	情景举例法

(续表)

教学环节	教学方法与技巧
总结	提问总结并布置作业
备注	"估计"还有一个用法是"S+估计+V",用法同"可能",但是题目给的例句属于"S_1+估计+S_2+V"这一用法,再加上试讲时间有限,这里我们只针对题目例句的用法进行实例展示

3.试讲过程:

▶ 导入

师：同学们好！我们开始上课！

　　咦？麦克怎么没来上课？

生：不知道。他……

师：（示意不知道的学生）琳达，麦克怎么了？你来猜一猜。

琳：他生病了。

师：哦，我们可以说"我估计他生病了"。（板书例句）

　　来，大家跟我一起说"估计"。

生：估计。

师：我估计他生病了。

生：我估计他生病了。

师：（示意不知道的学生）汤姆，你也来猜一猜。

汤：他忘了今天有汉语课。

师：用"估计"怎么说？

生：我估计他忘了今天有汉语课。

师：非常好！"我估计他忘了今天有汉语课"。（板书例句）

▶ 讲解

师：这就是我们今天要学习的"估计"，表示一种猜测。

（板书结构）

S_1 + 估计 + S_2 + V
我　估计　他　生病了。
我　估计　他　忘了今天有汉语课。

▶ 操练1：完成句子

说明：教师准备若干纸条，每个纸条上有一个待完成的句子，然后发给学生或者让学生随机抽取。当一个学生说句子时，其他学生要注意听，教师可以提问听句子的同学。

> 例句如下：
> 老师不喜欢在西安买东西，_____。
> 他今天很不高兴，_____。
> 小红的英语说得非常好，_____。

师：现在我手里有很多句子，大家每两个人拿一个。
（学生随机抽取纸条）
师：玛丽和汤姆，你们先说一说。
玛：他今天很不高兴，我估计他的汉语考试没通过。
师：非常好！
（转向其他同学）玛丽说什么？
生：他今天很不高兴，我估计他的汉语考试没通过。
师：杰克和瑟琳娜，你们的呢？
杰：老师不喜欢在西安买东西，我估计西安的东西有点儿贵。
师：很好！
（转向其他同学）杰克说什么？
生：老师不喜欢在西安买东西，我估计西安的东西有点儿贵。
（后面句子的环节同上）

▶ **操练2：图片法**

说明：教师准备若干张图片，通过问题"他/她为什么……"引导学生用"估计"回答问题。

师：大家一起来看图，然后猜一猜。
（第一张图片：小宝宝哭了）他为什么哭？
生：我估计他……
师：琳达，你说。
琳：我估计他饿了。
师：大家说呢？
生：我估计他想妈妈了。
师：很好！大家一起来看图。（展示第二张图片：阴天）
师：玛丽，你说。
玛：我估计要下雨了。
师：大家一起说。
生：我估计要下雨了。
（下面环节同上）

▶操练3：情景举例法

说明：教师通过情景举例的方式，让学生用"估计"猜结局。比如，两个班足球比赛的结果、明天上课老师或者同学会穿什么颜色的衣服、同学的爱好等等。

师：如果我们班和3班一起比赛踢足球，大家说谁是第一？
生：我估计我们班／3班是第一。
师：汤姆，你说呢？
生：我估计3班是第一。
师：大家说，老师明天穿什么颜色的衣服？
生：我估计老师……
师：奥玛斯，你说呢？
奥：我估计老师明天穿蓝色的衣服。
师：恭喜你，猜对了！那大家说，我们班的麦克明天来上课吗？
生：我估计麦克……
师：琳达，你说呢？
琳：我估计麦克明天会来上课。
（下面环节同上）

▶总结

师：今天我们学习的是什么？
生：估计。
师：很好！今天的作业是什么呢？多不多？猜一猜。
生：我估计今天的作业不多。
师：恭喜你，猜对了！
今天的作业是猜一猜十年以后我们班同学都怎么样了。
同学们，下课！
生：谢谢老师！
师：不客气！明天见！
生：明天见！

志愿者选拔考试的试讲环节，考查的是三方面内容：一是对教学内容的理解和教学方法的运用；二是教学组织与课堂管理；三是教学表现，如仪容仪表、教姿教态、教学语言等。对于没有教学经验的考生，后两方面的考前训练是非常重要的，方法就是观摩和模拟实战。要走进真实的汉语课堂去听课或观看优秀教师的课堂实录视频，学习和模仿优秀教师的课堂表现，进而多做实际操练，可以几个同学一起组成模拟课堂，互练互评。这方面的内容可以参考庞红波等《〈国际汉语教师证

试讲的考查要点

书〉面试仿真模拟试卷及范例解析》中试讲部分的教学视频及试讲要点分析。如果实在没有观摩和模拟实战的机会，可以自己一个人对着镜子练习，或录下自己的视频，再进行总结和反思。

第九章

问答

第一节　课堂管理类问题

课堂管理的重要性

对于绝大多数海外志愿者教师来说，课堂管理一直是非常头疼的问题。因为没有良好的教学秩序，再精彩的内容、再丰富的活动都无法进行。所以志愿者圈儿里有一句话，"得课堂管理者得天下"，这句话在实际教学中一点儿都不过分。很多国家没有中国这种师道尊严的传统，孩子不怕老师，加上中小学的孩子活泼好动，所以很多老师因为课堂管理不善，搞得精疲力竭，而且教学效果很差。所以海外志愿者在课堂管理方面一定要提前做好充分的思想准备。

考试形式

在志愿者面试中，课堂管理类考题一般分两种情况：一种是考官直接扮演学生角色，表现不配合（假装吃东西、说话、打断老师等）；另一种情况是考官发问，如果上课时班上出现某种情况应该怎么处理。课堂管理类问题一般没有固定答案或固定模式，处理方式得当即可。一般在处理课堂管理问题时，我们需要遵循以下几个原则：第一，尊重学生，避免直接批评；第二，巧妙处理，避免冲突升级；第三，"利用"冲突，回归课堂；第四，适当反思，防患未然。

处理课堂管理类问题的基本原则

课堂管理方面的案例与分析，可参考刘美如、吕丽娜《智在沟通：国际汉语课堂教学与管理案例及解析》，其中包含大量常考易考的典型案例并提供详细的解决方案，可作为志愿者选拔考试的重要备考资料。

以下我们分别就"课堂捣乱类"和"直接反驳类"这两种情况，结合具体实例进行分析。

扫码购书

一、课堂捣乱类

> 例1：上课时学生总是捣乱，你怎么做？
> 例2：你教的是中学生。你在上课，有两个学生一直说话（或吃东西）。他们已经影响到你上课了，你怎么办？
> 例3：你在讲课，两个学生兴致勃勃地讨论自己的旅行计划，怎么办？

回答思路：

第一，尊重学生，避免直接批评。活泼好动是孩子的天性，所以不能用敌对的情绪来对待学生，更不能严厉责骂，因为这样往往适得其反，还容易使课堂冲突升级。应该充分理解和尊重学生，调整自己的情绪，平和处理。

第二，巧妙处理，避免冲突升级。遇到学生捣乱、说话或吃东西的情况，可以不动声色地走过去，站在学生旁边，继续讲课。或者在其他同学不注意的时候轻轻敲一下桌子，起到提醒效果。也可以就正在讲的内容叫学生起来回答问题。这样既提醒了学生回归课堂，又让学生获得了足够尊重，没在其他学生面前"丢面子"。

第三，"利用"冲突，回归课堂。课堂管理的根本是要回归课堂，如果课堂捣乱的内容和教学相关，可以充分利用起来，回归课堂。比如例3中的情况我们可以就学生讨论的内容，让学生现场用中文复述一遍自己的旅行计划，或者就学生的旅行计划做一些课堂延伸。这样既化解了课堂矛盾，也保障了课堂教学的顺利进行。

第四，适当反思，防患未然。处理完课堂情况后，还要进行适当反思，为什么学生会捣乱？是因为上课内容太难，上课形式太枯燥，还是因为学生的规则意识没有建立？根据反思情况，调整自己的教学，从而避免课堂捣乱情况的发生。

二、直接反驳类

> 例1：如果你的学生在课堂上说你很丑，你怎么树立自己的权威？
> 例2：你讲课时有学生在下面说"汉语太难了，我们肯定学不会"，你怎么处理？
> 例3：上课时，你的学生在下面讨论你的服饰，说你穿得像公交车上售票的阿姨，你怎么办？

回答思路：

第一，尊重学生，避免直接批评。遇到这种情况，不要认为学生这是对老师"权威"的挑战，很多时候学生的过失都是无意的，所以要保持平和的情绪，避免直接的严厉批评。

第二，巧妙处理，避免冲突升级。遇到学生发问，可以用一种比较幽默的方式化解尴尬局面。比如遇到例1和例3中的情况，可以适当自嘲："老师虽然长得不美（穿得不美），可是老师的内心很美，因为你们住在老师的心里。"相信尴尬场面会很快化解，学生也会因此对老师更尊重。例2中学生说汉语难的情况，也没必要直接反驳，可以说"汉语虽然难，但是你们是老师见到过的最聪明的学生，相信你们能把汉语学好"。

第三，适当反思，防患未然。出现以上情况，老师也应该适当地进行反思，比如例1和例3中的情况，是不是因为自己平时不太注意服饰打扮？例2中的情况，是不是因为自己授课方式不对，致使学生觉得汉语太难？反思后适时做出调整。

以上原则可以作为课堂管理类问题的基本参考。课堂管理类的问题纷繁错杂，遇到具体问题时要具体分析。比如，学生上课使用母语捣乱，则需要在课堂规则里加上限制使用母语的内容；又如，学生试图打断课堂，想为某位同学庆祝生日，或想出去玩儿，则可以和学生商议"和约"，在学生提前完成上课内容的情况下，适当满足学生需求。另外，在处理课堂管理类问题时，应充分考虑学生年龄段。对于低年龄段同学，有时候一些简单夸奖或者唱歌、游戏类活动可以让他们忘记冲突，很快回归课堂；对于年龄较大的高中生、大学生，则需要做到充分沟通，然后再往下讲课。

第二节　中华文化类问题

中华文化类问题主要考查考生对中华传统文化的熟悉度，以及考生如何在跨文化背景下介绍中华文化。中华文化博大精深，想要娴熟把握非常有难度，所以这类题目比较考验考生的基本功，需要考生加强积累。相关图书可参考程裕祯《中国文化要略》和沈振辉《中国文化概说》，可全面了解中国文化方面的基本常识。

我们从以下几类来简单介绍一下中华文化常考问题。

一、文化思想类：儒道释

> 例1：先秦儒家主要思想及治国理念。

参考答案要点：

1. 孔子的"仁学"和治国理念。

孔子的"仁学"讲究仁者爱人，进而延伸到爱亲和泛爱众，提倡"己所不欲，勿施于人"的忠恕之道，并且提出了"德治"为核心的治国理念。

2. 孟子的"性善论"及"民贵君轻"的思想。

孟子"性善论"主张善端，讲究道德修养，养浩然之气。在治国理政方面，孟子提出了"民贵君轻"的思想，提出"得天下"需先"得民心"，因此要施行"仁政"。

3. 荀子"性恶论"及"德法并举"的主张。

荀子提出"人性本恶，其善者伪也"，提出"水可载舟，亦可覆舟"，讲究"隆礼重法""德法并举"。

> 例2：谈谈道家学说对中国文化的影响。

参考答案要点：

1. 道家与中国人的思想境界：道家"心神虚静""物我同一""神与物游"的人格追求，超越世俗牵绊，极大地丰富了中国人的精神境界。

2. 道家与中国艺术：道家开启了中国艺术"立意""传神""追求妙悟"的精神，比如，山水诗追求还物之自然，文学追求平淡悠远，水墨画追求墨外之韵，建筑追求虚实相生，书法追求以神写形，等等。

3. 道家与中国文化性格：道家塑造了少私寡欲、淡泊名利的文化性格传统，鼓励人们追求心灵的自由，以超越现实世界的苦恼。

4. 道家与中国政治：道家"柔弱胜刚强""后发制人""贵柔守雌"的观念，影响了无为之治的政治观念，引申出韬光养晦、以柔克刚的原则，丰富了中国历史中的政治智慧。

> 例3：谈谈佛教对中国文化的影响。

参考答案要点：

佛教的哲学思想和艺术形式与中国的传统文化相结合，极大丰富了中华文化的内容和形式。

1. 佛教与中国哲学：中国哲学史离不开佛教思想史，佛教思想是中国哲学史的重要组成部分。

2. 佛教与中国文学：佛教丰富了中国文学的题材，影响了中国文学艺术风格。从文学题材来看，《西游记》等文学作品，深受佛教影响；从艺术风格看，佛教的离尘恬淡影响了清淡疏远的文学风格。

3. 佛教与中国艺术：佛教影响了中国雕塑、建筑、绘画等艺术。雕塑方面如佛教石窟艺术丰富了中国雕塑艺术的宝库；建筑方面如佛寺佛塔开创与拓展了中华建筑艺术的新形式；绘画方面，佛教对绘画的内容、题材、技法、形式都产生了重大影响。

4. 佛教与中国语言：佛教术语、佛教典故进入了中国词汇，典型例子如"当头棒喝、临时抱佛脚、醍醐灌顶、梦幻泡影、想入非非"等。

5. 佛教与中国人的文化性格：佛教影响了中国人慈悲济世、宽容忍让的性格。

思路点评：

提到中华文化就离不开儒道释三家，谈儒道释对中国文化的影响，可以大致参考以上思路，主要从对中国政治、艺术、哲学、文学、文化性格等方面的影响着手，没必要谈太深，内容也见仁见智，但总体要有思路，避免无话可说。

二、文化符号与文化常识类

常考的中国文化符号有龙、太极、中国结、京剧、中医针灸等；常考的文化常识有四书五经、天干地支、五谷、三皇五帝、四大名著、文房四宝、五行八卦、十二生肖、二十四节气等。

> 例1：你怎么向学生介绍中国十二生肖？

参考答案要点：

十二生肖是中国非常有特色的一种文化现象，很多外国人对十二生肖非常感兴趣。

对于小学生来讲，可以通过让他们看十二生肖动画、做十二生肖手工等方式来加深对十二生肖的印象；对于中学生来讲，可以引导学生用十二生肖和年份相结合，做一份万年历。另外，也可以通过一些故事、电影来介绍十二生肖，并通过这些活动来了解十二生肖的文化内涵，如成龙主演的《十二生肖》就是一个很好的媒介。

> 例2：中国的龙与外国的龙有什么不同？

参考答案要点：

龙在中国文化中代表祥瑞，是帝王的象征。在中国，龙的形象集多种动物精华于一身，是王权的象征；在民间，龙的吉瑞也为百姓所长期尊崇，逢年过节划龙舟、舞龙灯。含龙的词语一般也充满褒义色彩，如龙凤呈祥、龙马精神、生龙活虎等。

在西方，dragon"类似蜥蜴，性情凶猛，口中喷火"，是一种强大而邪恶的生物。在中世纪，dragon是罪恶的象征；《圣经》中与上帝作对的恶魔撒旦，被称为"the great dragon"。

所以，在英语中dragon和中国"龙"的寓意以及所引起的联想是完全不同的，在跨文化交际中应十分注意。

思路点评：

文化符号、文化常识类问题，首先要对文化符号和常识比较熟悉，做到自己心中有数。在遇到如何向外国学生介绍某类中国文化符号的问题时，需要考虑到学生的年龄段，针对不同年龄段的学生采取不同方式。

三、哲理名言及文化制度类

> 例1：谈谈"己所不欲，勿施于人"对中国外交的影响。

参考答案要点：

"己所不欲，勿施于人"是儒家提倡的道德修养，也是中国人为人处世的重要法则，体现了中国人与人为善的独特智慧。

中国外交正是秉承了这种思想，在世界舞台上赢得了尊重。二十世纪五十年代提出的"和平共处五项原则"正是体现了中国人爱好和平的理念以及"己所不欲，勿施于人"的胸怀。

> 例2：请结合"逆水行舟，不进则退"，谈谈中国的改革开放。

参考答案要点：

"逆水行舟，不进则退"出自梁启超《莅山西票商欢迎会学说词》："夫旧而能守，斯亦已矣！然鄙人以为人之处世也，如逆水行舟，不进则退。"意思是不努力就要后退。

中国改革开放四十年，取得了巨大成就，目前已进入攻坚期、深水期。就像前人所说，"逆水行舟，不进则退"，停止倒退没有出路，只有坚定不移推进改革开放，才能取得新的胜利，所以"改革开放永远在路上""改革开放永远是进行时"，我们要从传统文化中汲取动力，努力奋斗不停止。

> 例3：简评中国的科举制度。

参考答案要点：

利：（1）与历史上的世袭制、察举制、九品中正制相比，科举考试有较强的公平性和开放性，吸收寒士进入政权，为庶民提供了上升渠道，给封建政权注入了生机与活力。

（2）较为科学地选拔人才，选拔官吏从此有了文化知识水平的客观依据，有利于形成高素质的文官队伍。

（3）读书—考试—做官三者联系，把权、位与学识结合起来，营造了中华民族尊师重教的传统和刻苦勤奋的读书氛围，促进了教育事业的发展，士人用功读书的风气盛行。

（4）在一定程度上促进了文学的繁荣，如唐进士科重视诗赋，促进了唐诗繁荣。

弊：（1）选拔人才的基本标准并不是一个人解决问题的实际能力，不是看中干才，而是看中文才。这也使得读书人寻章摘句，死记硬背，不在实际本领上下功夫。

（2）形成了官贵民轻的社会结构，使中国封建社会成为一个官吏社会。

（3）封建社会后期科举考试益发腐败，考官和考生作弊层出不穷。

科举考试所构建的价值体系，主要是教人获取功名利禄，充当封建皇帝的工具和奴仆。

思路点评：

哲理名言类问题一般要先回答出哲理名言所蕴含的深刻道理，然后再结合当今社会或中国国情等具体要求对哲理名言作出贴合时代脉搏的分析。

第三节 跨文化交际类问题

在志愿者面试中，跨文化交际的案例一般是基于文化差异给课堂教学、学校工作及教师生活带来的矛盾或困难。面试官根据考生的回答，评判考生跨文化交际的意识和能力。跨文化交际意识，就是要有多元文化的思维模式，不能用单一文化标准来衡量不同文化背景下产生的问题；跨文化交际能力，就是要有多元文化的行为方式，用多元文化的思维去处理工作、生活中的各类问题。

跨文化交际类问题一般不会直接问跨文化交际的专业知识，而是通过预设一些情境，然后请考生去解决情境中的问题。解决跨文化交际问题的基本思路和原则是：第一，提前了解，入乡问俗；第二，积极融入，入乡随俗；第三，充分沟通，寻求帮助。

一、文化习俗类

不同国家不同民族往往有着不同的习俗，在一种文化背景下习以为常的东西在其他国家可能被视为禁忌。因此志愿者教师要充分了解赴任国的文化习俗，尽量避免因习俗不同产生误解。具体说来要做到入乡问俗和入乡随俗。

> 例1：小李在国外教书，收到学生送的一束黄菊花，心里觉得很不吉利，你觉得小李应该怎么办？
> 例2：很多国外的房东不愿把房子租给中国人，为什么？如果你租了房子，你会注意哪方面的问题？
> 例3：你到了赴任国，经常用左手接东西，然后掌心向上或是向下叫学生过来，一段时间后，你发现学生都开始讨厌你了，请分析原因。

回答思路：

第一，提前了解，入乡问俗。去一个国家以前，要通过网络、书本或者前辈的建议了解当地的一些文化习惯和文化禁忌，对当地的文化有一些了解，同时对比自己的一些习惯，看是否和当地文化有冲突。就题目中的现象，例1很可能是因为在当地菊花有比较吉利的含义，而例2国外的房东不愿意把房子租给中国人，可能是因为中国人爱炒菜，而且油烟比较大，容易把厨房弄脏，例3很可能因为赴任国的人认为左手不干净，不能用左手来递东西。

第二，积极融入，入乡随俗。了解了文化习俗和禁忌后，要入乡随俗。遇到例1中的情况就不要再以中国人的思维去看待菊花的含义，而是站在当地人的角度，然后找恰当的时机向学生展示黄菊花在中外文化中的不同含义；例2要站在对方的角度去思考，在国外租房时要注意保持厨房干净清洁，定期打扫；例3要注意禁忌，改变习惯，用右手或者双手去递东西。

二、文化冲突类

由于文化背景、思维模式、行为习惯的不同，在海外教学很容易产生大大小小的文化冲突。这时不光要入乡随俗，还要积极沟通，化解当前冲突。

> 例1：有老师在办公室载歌载舞，影响你工作了怎么办？
> 例2：你在公交车上打电话，声音很小，可是旁边的人还是觉得你说话声音大，你心里很委屈，你该怎么办？
> 例3：小李的房东天天在家搞派对，严重影响小李生活，小李多次委婉提醒都没用，你认为小李该怎么做？

回答思路：

第一，积极融入，入乡随俗。首先要尊重对方，要以开放的心态迎接当地文化，充分理解对方。有些国家的人非常喜欢跳舞搞派对，有些国家非常注重公共场合说话的声音。接纳当地文化之后还要尽量融入，尽量别太"特立独行"。可以把海外志愿服务当成一种文化探索过程，出现例1、例3中的情况可以适当改变自己的习惯，参与到老师的舞蹈和房东的派对中去，既丰富了自己的生活，又融入了工作和生活环境；出现例2中的情况，也要自我调整，理解对方。

第二，充分沟通，寻求帮助。例1、例3中的情况，如果确实影响了自己的正常工作或休息，则可以和教学负责人或者房东诚恳沟通，说明一下自己的情况，看能否换办公室或者换住处，毕竟一切以工作为重。例2中的情况，要向对方表示歉意，并且戴上耳机再次调低音量，在自己便利的同时确保不打扰别人。

三、文化误解类

由于彼此了解有限，有的人很容易对异文化因道听途说而获得片面信息，产生刻板印象。而这些刻板印象往往是负面的，如果处理不好，可能会影响彼此给对方的印象。这时候需要消除文化误解，强化正面印象。

> 例1：如果学生造句"中国人不喜欢洗澡"，你如何应对？
> 例2：如果在国外你的学生突然问你："老师，中国人为什么只喜欢男孩，重男轻女，听说生了女孩还会把女孩扔了，或者是一直生一直生都要生个男孩？"

回答思路：

这类问题和课堂管理类问题有时候会有交叉，要求考生既有跨文化交际意识，又有课堂管理能力。

第一，充分理解，入乡问俗。例1、例2的现象在中国也只是在少数地方、少数群体存在的，不能代表中国文化的主流。在国外文化背景下，不洗澡和重男轻女可能是很难理解的行为，所以要有跨文化交际的意识，站在对方文化角度去解答这个问题。

第二，巧妙处理，避免误解。遇到这种问题，不能简单承认，也没必要完全否认。可以通过身边一些例子来幽默地解释，比如例1，你就说："反正我接触到的中国人都是每天洗澡的。"而例2则可以说："每个人对待女孩男孩的态度都不一样，有很多人偏爱女孩，也有人偏爱男孩，也有人觉得男孩女孩都很可爱，我相信每个国家都一样。"

第四节　主题活动类问题

志愿者面试的内容与海外汉语教学工作的实际情况有着直接联系。组织主题活动是志愿者在海外除常规教学外最重要的工作之一，是否具备组织主题活动的能力是衡量志愿者能否胜任海外汉语教学工作的标准之一。

一、什么是主题活动？

为了增强学生对汉语学习的兴趣，加深学生对某种文化现象的理解，汉语教师通常会组织一些主题活动。主题活动一般都围绕某一特定主题而展开，由组织者与参与者共同完成，通过活动的实施实现活动目的，达到既定的活动目标。

需要说明的是，主题活动与汉语课堂活动及课外活动有所不同。此类活动不只以语言实践为目的，也不仅仅以汉语语言能力的发展为标准。

二、主题活动的设计原则

1. 实践性。设计主题活动应当以实践为基础，使组织者与参与者围绕特定主题开展相关实践活动。在实践过程中，要使参与者对这一主题加强理解与认识，实现活动的目的。

2. 主体性。活动的主体由组织者、参与者以及活动主题三部分组成。设计主题活动应充分考虑活动的三个主体，重点强调参与者在活动进行中与组织者的互动，以及通过互动，参与者对活动主题的体验及感受。

3. 可操作性。设计主题活动应当考虑在现实环境中是否完全具备实施活动的主客观条件。可操作性贯穿活动的始终，从活动初期的策划到后期的实施，都应考虑活动内容是否适合参与对象，活动过程是否存在一定危险性，活动的时间、地点、采用的道具以及活动形式是否现实可行。

三、主题活动的主要内容

主题活动，形式多种多样，内容丰富多彩。一般将主题活动分为教学活动、文化活动、交流活动、考试和比赛以及综合类活动。

1. 教学活动是指与汉语教学相关的主题活动。志愿者在海外工作中除了常规的汉语教学外，还需要不定期组织一些与汉语教学相关的活动作为常规汉语教学的补充。汉语教学研讨会、本土教师培训班、课外汉语强化班，甚至汉语课程的开课仪式、结业典礼等都属于教学活动。开展汉语教学活动，要注意参与对象的特定性。

2. 文化活动是广义上的活动。在海外开展文化活动是为了在传播优秀的中华文化的同时加强中外交流，增进相互了解，提高活动对象的汉语学习热情，辅助汉语教学的顺利开展。首先，中国的传统佳节一般都要举办特色文化活动，如春节、元宵节、端午节、中秋节等。其次，在孔子学院日和当地学校的校庆日也要开展相关的中华文化活动。最后，根据不同地区的具体情况，还有可能开展某类特色文化活动，如中华美食节、风筝文化展、中国书画展等。文化活动的开展对志愿者提出了更高的要求，不仅要在活动前统筹安排，在活动中扮演重要的角色，而且在活动结束后要做好总结和反思，为后续的活动开展提供有价值的参考。

3. 交流活动是指双方或多方之间开展的、基于增进相互理解的友好合作。在海外的交流活动一般是学校或团体之间的交流访问活动。如人才交流会、大学生对话活动、教育学术交流项目、外方赴华访问活动等。此类活动规模较大，涉及范围较广。

4. 考试和比赛也是常见的活动内容。考试主要指HSK（汉语水平考试）、HSKK（汉语水平口语考试）、YCT（中小学生汉语考试）和BCT（商务汉语考试），是在海外教学中常见的一种特殊形式的活动。志愿者有义务有责任做好汉语水平考试相关的宣传推广工作。比赛类的活动是指一切与汉语及中国文化相关的竞赛活动，其中最重要的就是"汉语桥"世界大学生中文比赛和"汉语桥"世界中学生中文比赛。2017年，孔子学院总部／国家汉办首次推出的"汉教英雄会"活动，也属于比赛活动。

5. 综合类活动就是除上述活动外的一切活动，包含的主题范围最广，内容最多。如汉语班成立周年庆、汉语教学点揭牌仪式、中文校友会成立活动、汉语项目奠基仪式等。

四、主题活动的环节设计

主题活动的环节设计由活动的内容及活动参与对象决定。不同的活动内容对活动环节设计的要求不同，不同的参与对象决定了活动环节的不同侧重点。鉴于本书的体例和篇幅，我们选择以最常见的文化活动为内容的主题活动进行环节设计，供大家参考。

一般组织文化活动可以从"前—中—后"三个阶段来设计，即活动前、活动中、活动后。

1. 活动前

活动开展前阶段是筹备组织阶段，要拟定详细的活动策划案，为活动顺利进行做充分准备，必要时还需要向有关人员提出活动申请。

在策划活动时需要综合考虑以下几点影响因素。

（1）活动主题：如活动设计原则中所说，主题的选择要考虑到活动主体，同时兼顾实践性和可操作性。

（2）活动参与者：在海外环境中，活动参与者不仅有学生，还可能包括学生家长、社区居民、外方领导及同事、新闻媒体人员等。

（3）活动目的：根据不同的主题和参与对象，活动预期的目的有所不同，应视具体情况而定。

（4）活动形式与内容：活动的形式是外显的，多以文化体验为主，注重参与者的亲身感受。活动的内容是核心，决定了活动的呈现方式，活动内容依靠活动形式进行展示。

（5）除了以上四点主要影响因素外，还有一些因素也或多或少地影响着前期的活动策划。如：活动规模，这涉及活动的经费、场地、预算等；活动现场安全及应急预案，主要针对活动现场可能出现的安全隐患及潜在的安全问题提前做出预案并采取一定措施避险等。

2. 活动中

活动要围绕文化主题展开，并非无限制地自由活动。文化活动由组织者与参与者共同实践完成，组织者引导、关联、监控活动过程，参与者体验、感受、评价与反馈整场活动。

此类文化活动的开展要以实现活动目标为导向，重点突出文化体验部分，充分考虑活动参与对象的感受。组织者还可以视情况适当安排一些小游戏及比赛，增强活动的趣味性。

3. 活动后

活动结束后，组织者的工作并未结束，因为还有一项或几项重要的环节要完成。

（1）总结经验：善于总结经验才能不断提高，为以后举办类似活动提供一定的参考。活动结束后，组织者应回顾活动前和活动中两部分的各个环节，发现亮点，找出不足，积累活动经验，找到改进方法，为今后开展相关活动提供有价值的参考。

（2）收集反馈：举办文化活动的目的之一就是服务活动参与者。收集和分析反馈意见，有助于组织者了解参与者的期望、需要、偏好、习惯等，在下次组织活动时可以更有效地调整和改进活动，更好地服务参与者。收集反馈的形式包括口头询问、问卷调查、特定对象访谈等。

（3）书面报告：通过简明的书面报告说明活动的开展情况和达到的效果，同时对活动的参与者表示感谢。

此外，如果有可能，还可以积极地将活动情况编辑成新闻稿向当地媒体或孔子学院总部/国家汉办官网投稿，扩大汉语及中华文化活动的影响力。

五、主题活动实例展示及面试应答流程

在真实的海外教学工作中，志愿者经常需要举办各种各样与中国文化相关的主题活动。这一部分将以某孔子学院举办"孔子学院日"活动为例，展示活动策划案，总结活动过程及书面报告并就志愿者面试应答流程进行探讨。

1. 以某孔子学院举办的"孔子学院日"活动为例

（1）活动策划案

"孔子学院日"活动之中国戏曲文化展

时　　间：9月27日全天
地　　点：汉语文化活动中心

> **活动对象**：全校师生
> **目　　的**：通过文化参观与文化体验两部分，宣传孔子学院及中国戏曲文化，让更多师生多元、全面地了解孔子学院及中国戏曲文化
> **活动形式**：文化参观、文化体验
> 1. 文化参观：孔院教师向观众介绍孔子学院及中国戏曲文化相关内容
> 2. 文化体验：孔院教师播放京剧《美猴王》、川剧变脸，并向观众介绍脸谱的颜色及含义，最后请观众体验画脸谱
> **活动内容**：
> 1. 拟定于9月27日全天开放汉语文化活动中心作为文化参观及体验展厅
> 2. 滚动播放孔子学院、汉语桥、HSK考试、奖学金项目、夏令营及中国戏曲表演视频
> 3. 下午两点至四点为文化体验时间，教师讲解脸谱颜色及含义，观众体验画脸谱
> **准备物品**：活动宣传海报、孔院宣传视频、文化体验道具（脸谱模具、水彩颜料）、戏曲文化展板、小礼品（戏曲人物书签、点心）
> **前期准备**：制作宣传海报、布置展厅、制作京剧人物书签、准备展板
> **活 动 中**：主持（王××、李××），摄影（刘××），摄像（张××），机动人员（陈××）
> **负 责 人**：卢××，刘××
> （全体人员上午均作为展厅引导员及讲解员）

俗话说"麻雀虽小五脏俱全"，这个策划案虽然看似简单，却涵盖了包括活动时间、地点、参与对象、活动目的、活动形式、活动内容在内的所有关键信息，而且这个策划案还将活动中可能用到的物品及活动前期必要的准备工作列举出来，让人一目了然。最后，活动的组织者明确分工，在活动中各司其职。这个策划案为活动的顺利举行做了充分的准备。

（2）活动总结与报告

活动总结是对刚刚结束的活动过程进行梳理，可以由组织者对比活动策划案中的活动目的、活动内容进行总结，也可以由组织者向参与者进行询问、问卷调查、访谈，用预期的活动目标对比参与者的体验及感受进行总结。总结应客观陈述活动过程，分别列出活动中的亮点与不

足。活动报告更注重体现活动达到的效果,是对活动整体情况的介绍。

示例如下:

活动总结

时间:9月27日　　**地点**:汉语文化活动中心　　**参与对象**:全校师生

活动过程:

上午八点展厅开门,陆陆续续有学校师生参观展览,大部分学生停留在京剧脸谱展台,试戴脸谱、拍照留念,部分教师停留观看孔院发展视频,部分教师询问京剧及中国戏曲文化内容。

下午两点主持人开场介绍孔子学院及特色项目,两点十五分主持人介绍本次活动主题——中国戏曲,并向观众展示视频,介绍京剧人物及脸谱。观众与主持人互动学习汉语颜色词汇,并展开抢答活动,获得脸谱模板作为奖品。两点四十五分,画脸谱文化体验活动开始,参与者可以模仿PPT上的脸谱绘制,也可以自己绘制创意脸谱。

最后,活动五点左右结束,参与者获得精美小礼品。

亮点:1. 试戴脸谱展台火爆;2. 抢答汉语词汇环节热闹;3. 绘制脸谱环节最受欢迎;4. 参与者喜欢京剧脸谱的书签小礼品。

不足:1. 供试戴的脸谱数量不足,排队等待时间较长;2. 下午文化体验预留时间较短。

活动报告

9月27日,为庆祝全球孔院日,××孔院在汉语文化活动中心举办了中国戏曲文化展活动。通过视频展播、文字图片展览、名家名段欣赏、绘制特色脸谱等活动,学生们不仅对孔子学院有了更多了解,也亲身感受了中国戏曲文化的魅力,大大提高了汉语学习兴趣。多元化的展示形式,丰富的展览内容,吸引了大量学生驻足观看,拍照留念,也加深了他们对孔子学院及戏曲文化的了解。

通过戏曲讲座,学生们欣赏了生旦净丑的演绎,感受了唱念做打的魅力。每个人都被精彩绝伦的表演所吸引,惊呼中国戏曲的神奇。脸谱绘制环节,学生们在欣赏五颜六色脸谱的同时,还了解了不同颜色的脸谱所代表的不同含义。

最后,学生们都收获了自己的专属脸谱,赞叹中国戏曲文化的绮丽,纷纷表示希望学好汉语,去中国亲身体验更多更有魅力的中国文化。

2. 志愿者面试应答流程

在志愿者面试中，如果考官向考生提出设计主题活动的有关要求时，考生应先做好判断，此项活动属于哪一类活动内容，然后再根据这类活动内容的特点作答。教学活动重点突出寓教于乐的活动方式，以及区别于常规教学的深刻含义；文化活动一般注重文化分享与体验，尤其要强调文化体验环节；交流活动则以交流成果与意义为主，重在活动后的总结。回答问题应详略得当，语言流畅。

关于主题活动设计的问答流程如下图所示：

> **提出问题**
> 请设计一个茶文化体验活动

> **思考判断**
> 文化类活动、三步走（活动前、活动中、活动后）

> **自信作答**
> 在设计这个文化类主题活动时，我会首先做好充分的准备，活动前编写详细的策划案，包括具体的活动时间、地点、参与对象、活动目的、活动内容及活动方式，而且尽量列举清楚活动中可能需要用到的道具，为各个组织者明确分工。
> 其次，在活动中设置茶文化讲座与体验两个环节，以泡茶及茶艺体验为主，使参与者深入了解中国茶文化。
> 最后，在活动结束后，通过对比策划案中的活动目标和对参与者的问卷调查对活动进行总结与反思，为下次组织类似活动提供有效的参考。我还会将活动形成书面报告和新闻稿。

六、模拟练习

说一千道一万不如千锤百炼，下面是一些主题活动类的模拟练习，其实，这些问题都是开放式的，没有所谓的标准答案，只要你的回答完整、叙述清晰、重点突出，一般都能够得到面试官的认可。在练习的过程中，你也可以预先形成一套完整的答题思路，在面试中，自信从容地作答。

1. 请你设计一个风筝文化节活动。

活动基本情况	活动形式	活动内容	活动准备
时间：			
地点：			
参与对象：			

小提示：① 风筝文化节属于哪类活动？
② 活动形式能否体现实践性？
③ 活动内容的设计是否具有可操作性？

2. 如何设计关于"海上丝绸之路"的文化活动？

活动基本情况	活动形式	活动内容	活动准备
时间：			
地点：			
参与对象：			

小提示：① "海上丝绸之路"中"海上"二字是关键，可展示的内容有哪些？
② 针对不同的参与对象，活动的形式是否侧重点不同？
③ 是否可以设计文化知识抢答等游戏环节？

3. 中国剪纸深受学生喜爱，请你在春节期间设计一次剪纸活动。

活动基本情况	活动形式	活动内容	活动准备
时间：			
地点：			
参与对象：			

小提示：① "春节"二字是这个主题的重点，如何用剪纸突出中国春节？
② 活动的形式除了介绍和体验剪纸，是否可以增加其他与春节相关的介绍？

4. 怎么组织功夫节活动？

活动基本情况	活动形式	活动内容	活动准备
时间：			
地点：			
参与对象：			

小提示：① 根据活动场地及参与对象，选择合适的活动内容。
② 充分考虑安全因素。
③ 除讲解中国功夫的招式和设置体验环节外，是否介绍中国功夫中蕴含的中国哲学？

5. 端午节是中国的传统节日,你该如何组织纪念活动?

活动基本情况	活动形式	活动内容	活动准备
时间:			
地点:			
参与对象:			

小提示:① 充分考虑活动参与对象的年龄、汉语水平、文化背景。
② 端午节的活动内容非常丰富,组织者应适当选取文化讲解内容,重点设计文化体验环节。

上述模拟练习中的各个主题活动都有值得注意的特点,在面试时应注意题目中描述类的关键词,如:组织设计某文化活动,一般都可以从活动前、活动中和活动后三部分来回答,重点突出活动中的体验环节,而描述的关键词为参加活动或为活动做准备,重点则在活动开展前的筹备阶段,回答时要详细说明。无论哪种主题的活动内容和形式,最后一定要进行活动后的反思和总结,必要时形成书面报告和新闻报道。

温馨提示:
(1)听到题目后,先思考判断,然后再作答。
(2)找出题目中的关键词(组织设计、如何准备、介绍一下……)逐个击破。
(3)表述完整清晰,活动环环相扣,主题重点突出。

第五节　中国基本国情类问题

一个合格的中国公民，首先要对我国的基本国情有一定的了解。在海外进行汉语教学工作期间，作为外派的汉语教师志愿者更应具备客观、准确地向别国民众介绍中国基本情况的能力。

一、中国的基本国情是什么？

当前我国社会主义进入了新的时代，虽然社会主要矛盾已转化为人民日益增长的美好生活需要和不平衡不充分的发展之间的矛盾，但我国仍处于并将长期处于社会主义初级阶段的基本国情没有变，我国是世界上最大的发展中国家的国际地位没有变。

总的来说，我国仍处于社会主义初级阶段。初级，说明社会总体水平还不够发达，在向成熟迈进的过程中难免会出现各种问题。阶段，说明这是历史必然经历的过程，需要经过几代人的不懈努力，共同推进社会发展。

二、中国基本国情的主要内容

中国是四大文明古国之一，历史悠久，民族众多，幅员辽阔，文化多元。中国是亚洲面积最大、世界人口最多、经济发展最具活力的国家。这些都是汉语教师志愿者在海外教学中的谈资。直到今天，虽然中国的国际影响力不断加强，国际地位不断上升，但仍有很多国家因为不够了解而对中国存在一定的偏见。作为中国文化软实力的体现，汉语教师志愿者需要肩负起这样的责任和重担，至少让你的赴任国了解中国，认识中国，消除对中国的偏见，与中国和谐友好地相处。

对于中国基本国情的了解，可以参考中华人民共和国中央人民政府网站（www.gov.cn）的"国情"栏目，或参考权威图书，如王顺洪《中国概况》。在向外国人介绍中国国情时，要确保表述准确，数据翔实。

1. 地理

基本概况	中国位于亚洲东部，太平洋西岸。幅员辽阔，山河纵横，气候多样，物种丰富。中国人口基数较大，人口密度不均，人均资源占有量相对较少。中国海域辽阔，在包括钓鱼岛、西沙群岛、南沙群岛在内的岛屿中，台湾岛最大，其次是海南岛。

扫码购书

(续表)

国土面积	陆地面积：约960万平方千米 领海：渤海、黄海、东海、南海 海域分布：7600多个大小岛屿 大陆海岸线：1.8万多千米 内海、边海水域面积：470多万平方千米
地势分布	地势西高东低，大致呈阶梯状。河流自西向东注入大海，降水自东向西逐渐递减，因为降水分布不同，区域性水资源分布也不同。以秦岭—淮河为界，划分南北。南北方在地方方言、文化、习俗、生活习惯等各方面都存在一定差异。
地形特点	我国地形多种多样，山区面积广大。 三大平原：东北、华北、长江中下游平原 四大高原：青藏、内蒙古、云贵、黄土高原 主要丘陵：辽东、山东、东南丘陵 四大盆地：塔里木、准噶尔、柴达木、四川盆地
气候特点	我国气候复杂多样，大陆性季风气候显著。四季分明，大多数地方冬季寒冷干燥，夏季暖热多雨。南北纬度差异大，东西经度距海洋远近不同。我国动植物及农作物资源丰富。

2. 行政区划

中国的首都是北京，北京同时也是政治、经济、文化中心。省级行政单位共34个，其中包括2个特别行政区，4个直辖市，5个自治区及23个省。汉语教师要掌握各省、自治区的省会或首府所在地，了解各地的简称。

	特别行政区（2个）		直辖市（4个）				自治区（5个）				
	香港	澳门	北京	天津	上海	重庆	内蒙古	广西壮族	宁夏回族	西藏	新疆维吾尔
简称	港	澳	京	津	沪	渝	蒙	桂	宁	藏	新
行政中心	香港	澳门	北京	天津	上海	重庆	呼和浩特	南宁	银川	拉萨	乌鲁木齐
省（23个）											
	黑龙江	吉林	辽宁	河北	河南	山东	山西	陕西	安徽	江西	江苏	浙江
简称	黑	吉	辽	冀	豫	鲁	晋	陕、秦	皖	赣	苏	浙
省会	哈尔滨	长春	沈阳	石家庄	郑州	济南	太原	西安	合肥	南昌	南京	杭州
	福建	广东	湖北	湖南	四川	贵州	云南	青海	甘肃	海南	台湾	/
简称	闽	粤	鄂	湘	川、蜀	黔	滇、云	青	甘、陇	琼	台	/
省会	福州	广州	武汉	长沙	成都	贵阳	昆明	西宁	兰州	海口	台北	/

3. 民族

基本概况	中国是一个多民族国家，共有56个民族。我国各民族之间形成了团结、平等、互助的民族关系。截至2015年，汉族人口占全国总人口的91.46%，各少数民族人口占8.54%。	少数民族名单（55个）：蒙古族、回族、藏族、维吾尔族、苗族、彝族、壮族、布依族、朝鲜族、满族、侗族、瑶族、白族、土家族、哈尼族、哈萨克族、傣族、黎族、傈僳族、佤族、畲族、高山族、拉祜族、水族、东乡族、纳西族、景颇族、柯尔克孜族、土族、达斡尔族、仫佬族、羌族、布朗族、撒拉族、毛南族、仡佬族、锡伯族、阿昌族、普米族、塔吉克族、怒族、乌孜别克族、俄罗斯族、鄂温克族、德昂族、保安族、裕固族、京族、塔塔尔族、独龙族、鄂伦春族、赫哲族、门巴族、珞巴族、基诺族
民族分布	分布特点：大杂居、小聚居，分布范围广。少数民族主要分布在西南、西北和东北地区，少数民族数量分布最多的是云南省。	
民族制度	民族区域自治制度是我国根据实际国情采取的基本政策。	
民族语言	中国一直坚持贯彻执行民族平等和语言平等的政策，少数民族语言文字的使用和发展受到了应有的尊重，得到了法律的保障。各少数民族都有使用和发展自己语言文字的自由。	
民族信仰	中国是一个多宗教的国家，少数民族群众大都有自己的宗教信仰。根据《中华人民共和国宪法》关于公民有宗教信仰自由的规定，中国政府尊重和保护各民族的宗教信仰自由，保障各民族公民的一切正常宗教信仰活动。	

4. 经济

中国的经济发展迅猛，取得了举世瞩目的成就。目前，中国经济已由高速增长向高质量发展转变，正处在转变发展方式、优化经济结构、转换增长动力的时期。在这一关键时期，中国正面临着复杂多变的国际形势，以及日益凸显的社会矛盾。作为汉语教师，不仅要了解我国的经济发展阶段，而且要能够客观地介绍我国在经济发展中取得的成就与存在的不足。

5. 社会与家庭

现在的中国，社会安定团结，政治局势稳定，经济发展迅速，法制建设不断完善，公共服务体系不断完善，群众基本生活得到保障，文化繁荣发展，现代教育理念、教育水平、教育技术不断提高，高、精、尖产业不断突破，科技发展突飞猛进，生态文明建设取得一定成绩，在积极发展全球伙伴关系，努力拓展国际朋友圈的同时，中国社会各领域的发展也都呈现出了新气象、新面貌。

悠久的历史与文化的传承造就了中国家庭成员之间隐秘的"等级制度"。这种等级一般由家庭成员的辈分、年龄决定。与西方家庭倡导的各成员间关系平等不同，中国家庭的道德准则倡导父慈子孝、尊老爱幼。祖孙三代、四代同堂被看作是其乐融融，家庭幸福。中国人的家庭理想是祖孙几代生活在同一屋檐下，年长者健康长寿，年幼者快乐成长，家人间和谐友爱，家族中人丁兴旺。现在中国的家庭结构也发生了一些变化，传统的大家庭正向"三口之家"转变。随着时代的变迁，中国人在养老、医疗、教育、就业等与社会及家庭息息相关的各个方面悄然发生着变化。

三、当代中国的热点问题

作为一名国际汉语教师，不仅要牢牢掌握汉语知识和教学技能，而且要具有一定的国际视野，拥有通晓天下的智慧，才能在遇到问题时泰然处之。国际汉语教师在海外代表的不仅是个人，更是中国形象，了解当代中国的热点问题，客观、准确地介绍中国也是国际汉语教师应当具备的基本素养之一。

1. 一带一路

"一带一路"是"丝绸之路经济带"和"21世纪海上丝绸之路"的简称。历史上张骞出使西域，开辟了古代丝绸之路，而现在的新丝路是由中国倡议，沿线各国家积极响应，共同建设和发展的。"一带一路"的建设旨在促进经济要素有序自由流动、资源高效配置和市场深度配合，助力推动沿线各国实现经济政策协调，开展范围更大、水平更高、层次更深、影响更广的区域合作。

2. 面向未来的"互联网+教育"

2019年的政府工作报告提出，"发展'互联网+教育'，促进优质资源共享"。这是对互联网在教育改革发展中所起重要作用的高度肯定，并为今后"互联网+教育"的发展定下了基调，指明了方向。下面从打造面向未来的"互联网+教育"、"互联网+教育"推动教育均衡发展、"互联网+教育"助力打造学习型社会三方面进行阐述。

面向未来的"互联网+教育"，重点在于利用现代技术加快推动知识型、创新型人才培养模式改革，创新跨界融合、精准高效的教育服务业态，推进审慎包容、分布协同的教育治理方式变革，对传统教育生态进行重构。

"互联网+"正在消解课上课下、校内校外、区域之间的时空界限，拓展了知识产生、传播和获得的渠道，将功利学习、学段学习延展成自发学习、终身学习。不仅如此，"互联网+"还将进一步促进优质的教师智力资源、数字教学资源和社会信息资源从教育"高地"向"洼地"精准、高效、可持续地流动，向农村、薄弱学校、贫困地区、困难群体倾斜，不断消弭数字鸿沟、知识鸿沟，努力实现包容、平等、有质量的教育和终身学习的目标。

3. 人类命运共同体

随着人类科技的进步，时代的发展，世界各国之间的交往更加密切，国家之间、区域之间的合作发展也不断加强。不论人们身处何地、信仰如何、是否愿意，实际上已经处在一个命运共同体中。

人类只有一个地球，各国共处一个世界，人类命运共同体的概念就是在这样的时代背景下提出的。人类命运共同体指在追求本国利益时兼顾他国合理关切，在谋求本国发展中促进各国共同发展。当前国际形势基本特点是世界多极化、经济全球化、文化多样化和社会信息化。

在这一全球价值观中还包含了相互依存的国际权力观、共同利益观、可持续发展观和全球治理观。

国际权力观	全球一体化的现代社会，各国之间都在经济、文化、教育、技术、信息、旅游等方面有着千丝万缕的联系，国与国之间是一种利益纽带，存在相互依存的关系。国际权力维护这种依存关系，保证国际秩序。各国通过国际体系和机制维持和规范国际关系，维护共同利益。
共同利益观	传统的个人利益观、家族利益观、国家利益观在现代的"地球村"、全球化大背景下是无法立足的。各个国家尽管发展程度不同，但同处一个利益链条，任何一环出了问题都有可能导致全球利益链断裂。因此，全球的利益同时也就是自己的利益，一个国家采取有利于全球利益的举措，也就同时服务了自身利益。
可持续发展观	历史的经验和教训告诉我们，不加节制地开采资源、过度浪费和消耗资源，最终只会导致更恶劣的情况发生。可持续发展是既满足当代人的发展需要又不损害后代人满足需要的能力的发展。各国在追求自身发展的同时都应将可持续发展这一理念融入各个领域。
全球治理观	全球治理理论的核心观点是，由于全球化导致国际行为主体多元化，全球性问题的解决成为一个由政府、政府间组织、非政府组织、跨国公司等共同参与和互动的过程，这一过程的重要途径是强化国际规范和国际机制，以形成一个具有机制约束力和道德规范力的、能够解决全球问题的"全球机制"，推动国际社会朝着更加规范化和制度化的方向前进。

4. 中国生态文明建设成就

2019年3月，第四届联合国环境大会在肯尼亚首都内罗毕举行，中国生态文明建设的多项成就频频受到与会各方代表点赞。美国航天局不久前根据卫星数据发布报告说，与20年前相比，世界越来越绿了，而中国的造林行动是主要贡献之一。

2018年，中国将生态文明建设写入宪法。"绿水青山就是金山银山"已成为全民共识。生态文明建设关乎人类未来，建设绿色家园是各国人民的共同梦想。在解决自身环境问题的同时，中国更以理念和行动积极参与全球生态治理，推动实现全球可持续发展。如今，中国已成为全球利用新能源和可再生能源的第一大国，清洁能源投资连续多年位列全球第一，源于中国的绿色技术正在造福更多国家。能让长颈鹿"昂首通行"的肯尼亚蒙内铁路、"油改电"的斯里兰卡科伦坡集装箱码头、光伏板下可以长草种瓜的巴基斯坦旁遮普太阳能电站……在一个又一个合作项目中，中国企业将生态环保理念落实到细节。

中国走过的发展道路完全不同于欧美国家，中国在为其他国家提供借鉴样板，中国近几年把自身的发展路径、经验和新发展思路与世界分享，是对世界发展的重要贡献。

5.用市场创新打造可持续的消费扶贫

中国幅员辽阔，经济发展差异极大，在北上广的城市面貌能跻身世界前列的同时，不少人还生活在贫困之中。到2012年年底，中国有近1亿贫困人口，到2017年年底还剩3046万人。根据2019年政府工作报告，去年（2018年）精准脱贫有力推进，农村贫困人口减少1386万，易地扶贫搬迁280万人，农村危房改造190万户。2019年预期目标农村贫困人口减少1000万以上。

回顾这几年的扶贫，虽然是行政主导，但改革开放这么多年，市场意识深入人心，越来越多的是用市场观念、按市场规律扶贫。消费扶贫，就是这种观念的一个结果。所谓消费扶贫，是指社会各界通过消费来自贫困地区和贫困人口的产品与服务，帮助贫困人口增收脱贫的一种扶贫方式，是社会力量参与脱贫攻坚的重要途径。比如，社交媒体上经常有很多大V、明星帮助推销贫困地区滞销的水果，就是消费扶贫的一种。从市场角度来看，这种模式并不能长久持续，因为它依靠的是公益的力量而非市场本身的力量。不过，市场机制、企业家才能，是善于发现机会的。实际上，借助新技术，快速积累订单并依靠社交媒体低成本积聚订单的电商模式，已经呈现出在消费扶贫方面的优势。因此，只要找准模式，依靠市场的力量，就可以将政府提倡的消费扶贫模式打造为消费者、农户互利的长效、可持续的扶贫机制。

四、中国国情类问题面试的应答思路

中国基本国情所涵盖的内容广泛，可谓包罗万象。一般在志愿者面试的问答环节，考官提出基本国情相关的问题，一方面是考查考生的临场应变及表达能力，另一方面是考查考生对我国基本国情的了解情况，以及客观、准确地介绍中国国情的能力。

其实，在海外的中国教师经常被问到一些"敏感"问题，这是很正常的现象。也许是因为好奇，也许是出于兴趣。当你被学生问到这些问题的时候，千万不要认为他们在故意找碴儿。换位思考，这恰恰说明他们关注中国并且希望从一个中国老师口中了解真实的中国。作为国际汉语教师，应该抓住这样的机会，不要逃避问题，更不要为了"面子"和"尊严"而企图通过撒谎蒙混过去。积极而有自信地面对问题，实事求是地回答问题，不仅能帮助学生消除对中国的误会、满足学生对中国的好奇心理，而且或许更能赢得学生的理解和尊重。在志愿者面试时，回答国情相关问题应该考虑以下三点，然后再作答。

1. 这个问题是否只在中国存在？能否与其他国家的相似问题进行类比？

2. 发生这个问题的前因后果是什么？相关的解决措施是否已经实施？

3. 能否采用移情的方法，让提问者换位思考？也许这个问题就不是问题了。

关于中国国情类问题面试的应答思路如下图所示：

> **提出问题**
> 中国雾霾这么严重，环境一定很差吧？

> **思考判断**
> 能否类比、是否有解决措施、能否移情

> **自信作答**
> 不可否认，中国部分地区确实雾霾严重。作为世界上最大的发展中国家，这是社会发展必然付出的代价，但这并不代表中国整体环境都恶劣。
> 其次，这也是每个发达国家和发展中国家曾经经历或正在经历的一个发展过程。中国政府已经认识到环境保护的重要性，并且坚持"绿水青山就是金山银山"的环保理念，采取一切手段加快生态文明体制改革，努力建设美丽中国。
> 经过不断努力，中国生态文明建设已经取得了显著成效。能源资源消耗强度大幅下降，环境状况得到改善。而且中国还积极引导应对气候变化的国际合作，为全球生态文明建设贡献中国智慧，成为全球生态文明建设的重要参与者、贡献者和引领者。

国际汉语教师回答学生的一些"敏感"问题时，自己首先要对这些问题有所了解，大致清楚这些问题的来龙去脉，问题发生的前因后果，否则就无法做到客观、全面地回答问题。在向学生解释问题的时候，尽量引导学生多角度、全方位看问题，而不是片面、狭隘地看问题。

五、英文时政问答范例

1. Two-child policy（二胎政策）

When the population aging became a serious problem in China, it was time to end this population-limiting policy.

In response to this, by the end of 2009 all provinces had allowed a married couple — if both were only children themselves — to have two children.

As a further step, a new regulation in 2016 allowed all couples in China to have a second child.

China's two-child policy is supposed to enlarge the labor market and the consumer market to drive the economy.

It is also supposed to ease the youngest generation's great pressure from having the responsibility for looking after their parents as well as grandparents, because when they start to undertake that traditional responsibility, it will be shared between them and their siblings.

When teaching Chinese abroad, we are usually asked about the one-child policy. Obviously, people are interested in this topic though sometimes they are confused or misguided.

Therefore, when there is a chance, it is a kind of our duty to explain the child policy in the past and today's two-child policy, so that people may know better of China, Chinese society and Chinese people.

2. The Belt and Road Initiative（一带一路）

The Belt and Road Initiative (BRI), which was proposed by the Chinese government, is geographically made up of the land-based Silk Road Economic Belt (SREB) and the ocean-going 21st Century Maritime Silk Road (MSR). The BRI focuses on connectivity and cooperation between Eurasian countries.

Starting from China, the SREB runs through central and western Asia before it reaches the west side of Europe. The MSR fans out from China's coast to the Indian Ocean and Europe in one direction and to the south Pacific in the other. Not only does the BRI bring with better economic cooperation between relevant countries, it also benefits cultural exchange. As a Chinese volunteer teacher, we should try to improve our teaching skills and undertake the responsibility to promote the Chinese culture abroad and to promote the cultural exchange between China and the rest of the world.

3. Telling good Chinese stories（讲好中国故事）

In 2013, Chinese government urges new media outlet to "tell Chinese stories well" to the world and to "spread wonderful Chinese voices". A report also highlighted the need for "road confidence, theoretical confidence, institutional confidence, and cultural confidence". Telling good Chinese stories, therefore, is not merely related to China's own development but also plays an important strategic role when facing the new partnerships between China and the rest of the world. It is particularly critical when it comes to building national image and to promoting the cross-cultural communication in the context of globalization.

In order to tell good Chinese stories, to spread wonderful Chinese voices, to expound the Chinese spirit and to show the Chinese character, we must enhance our understanding of China and deepen the understanding of different people and cultures in the world. In recent years when the "Chinese Craze" is witnessed around the world, it becomes an important task for international Chinese teachers to tell good Chinese stories when encountering the Chinese learners around the world.

In the first place, Chinese volunteer teachers need to know more about Chinese culture. Furthermore, we should improve our teaching skills and try to make the world know better of China.

4. A nation will prosper only when its young people thrive（青年强则国家强）

Chinese government put forward the "young people's prosperity and the national strength" in the report, expressing the ardent hope for the young people.

Youth is full of vigor and dreams. In modern times, the pursuit of the beautiful dream of our youth has always been closely connected with the historical process of revitalizing China. During the revolutionary war in the 20th century, the young people were full of revolutionary ideals, and fought for national independence; during the socialist revolution and the construction period, the young people strove to construct their motherland; in the new era of reform and opening up, the young people are forging ahead with innovation and giving rise to the era of rejuvenating China.

Youth is the future of our country and the hope of our nation. The youth will fully participate in the "two centenary goals". Lovely, credible and promising, youth should study hard, work hard, live up to the people's expectation so as to realize the value of life, China's rejuvenation and the Chinese dream.

5. Remain true to our original aspiration and keep our mission firmly in mind（不忘初心，牢记使命）

"Never forget why you started, and keep your mission in mind." As it was stated in the report of 19th CPC National Congress, it is the promise and mission of the Communist Party of China.

The original aspiration and the mission of Chinese Communists was to seek happiness for the people and rejuvenation for the Chinese nation. To accomplish the historic mission of national rejuvenation, whether in times of weakness or strength, whether in times of adversity or smooth sailing, we has never forgotten its founding mission. It has united the people and led them in conquering countless challenges to create miracle upon miracle.

Building a moderately prosperous society in all respects has reached the decisive stage. Only remain true to our original aspiration, keep our mission firmly in mind and keep striving, can we make us stay young. The promising rejuvenation of our nation is unfolding before us, we must be alert to dangers even in times of calm, have the courage to pursue reform and break new ground, overcome all kinds of difficulties to solve the current problems to fight for the best results.

It is a natural demand for international Chinese teachers to remain to our original aspiration and keep our missions firmly in mind, because China's development also demands mutual understanding between her and the rest of the world. And this is what we should devote ourselves to and what we should make contributions to.

六、模拟练习

下面是与中国国情相关的一些问题，试着用类比、移情等方法考虑这些问题，并给出你自己的答案。通过这些练习，你也可以形成自己的一套完整的答题思路，在面试中自信面对各种尖锐问题。

1. 台湾是中国的吗？

> 首先，台湾自古以来就是中国不可分割的一部分。早在夏商时期，台湾就属于九州中的"扬州"。秦代称台湾为"瀛洲"。随着中国朝代更迭，台湾作为历朝历代的管辖地之一经历了多次更名。台湾正式定名于清朝，隶属福建省。
>
> 其次，自远古时期，台湾与大陆紧密相连，由于地壳运动形成了台湾海峡，才分隔出台湾岛与大陆。
>
> 最后，台湾文化以中华文化为主体，是中华文化的重要组成部分。无论从人们的语言、饮食、生活习惯还是思想观念、价值取向、行为方式，都可以看出台湾不仅属于中国，而且是中华文化的重要代表之一。

小提示：面对这种原则性问题，首先要阐明自己的立场和观点，并从历史、地理、文化等多角度进行论证回答。

2. 请谈谈你对中国二胎政策的看法。

> 首先，我认为二胎政策符合当前中国社会的发展趋势，满足了未来中国社会的发展需求。中国的计划生育政策，有效地控制了人口增长，为世界脱贫、地球资源的可持续发展，做出了巨大的贡献。
>
> 其次，目前中国人口虽多，但老龄化情况日益严重，二胎政策的开放有助于缓解和改善中国社会当前出现的尖锐问题。
>
> 最后，如果说计划生育政策是中国为控制世界人口增长而做的努力，那么二胎政策就充分说明了中国政府对每个中国公民权益的尊重。尊重公民权益并不是一句空洞的口号，而是有能力维护和保证每个合法公民的权益。二胎政策符合中国人民的利益，维护了中国人民的权益。

小提示：面对政策类问题，应考虑政策制定时的社会背景，思考该政策是否满足和符合当时社会发展的需要。回答问题时，多找角度，如从中国人口、社会发展、公民权益等角度进行解答。

3. 中国城市迅速扩张，产生了交通拥堵现象，你怎么看？

> 首先，城市的发展能够提升人民的经济水平和生活质量，随之而来也产生了交通拥堵的现象。这个问题的出现，是偶然也是必然，同时也对城市管理者更好地服务于市民提出了更高的要求。
>
> 其次，交通拥堵这一现象并不只存在于中国，在世界很多国家都有这样的问题。中国城市管理者也在借鉴和学习其他地方的治理经验，研究中国城市问题的学者、专家也提出了合理的改善意见。
>
> 最后，据我所知，目前中国很多城市在治理交通拥堵方面已经试行和实施了一些行之有效的办法。如私家车尾号限行，完善公共交通服务系统，实行错峰上下班等。我相信，在中国，这一情况很快将会有所改善。

小提示：这种现象类问题，都有利有弊，回答时尽量考虑现象产生的利好一面，有弊端要承认，但同时也要表明解决弊端的态度。另外，可以从与其他国家的相同现象类比或介绍中国的解决方法等角度回答。

第六节　海外工作中的应急应变类问题

海外工作中的应急应变类问题主要考查考生在紧急情况下的临场应变和沟通能力。在海外工作，不光要懂得教学，也要知道如何应对工作和生活中可能面临的各种问题，从而做到有备无患。

应急应变类问题称得上是"捡分题"，这部分题目一般不需要有太强的专业知识背景，一般考生都有话可说，但要想真正在这里拿到高分，也需要下一番功夫。下面我们结合几个例题，看看应急应变类问题的答题思路。

一、人际关系类

> 例：你与另外两个志愿者合租一个房子，合同都签了，可是其中一个突然不想住了，要走，你怎么办？

回答思路：

这类问题既考查了紧急情况的处理，也考查了人际沟通的技巧。遇到这种问题，在处理好事情的同时，也要注意维护人际关系。

第一，找原因，对症下药。通过直接沟通或侧面了解的方式找出另外一个志愿者不想住的原因，是因为房子质量、环境，还是因为对自己有意见，找到原因之后再对症下药。

第二，找办法，真诚沟通。找到原因之后，需要进行真诚沟通，共同商量如何解决房子的问题。如果是因为房子质量或者环境，可以共同联系房东解决；如果是因为对自己有意见，则需要坦诚沟通，讲明海外生活不易，希望能够互相理解，彼此宽容；如果对方有其他难言之隐，实在不想住在一起，则需要共同找房东解决合同解约事宜，并通过另外寻找室友的方式来规避损失。

二、社会治安类

> 例：如果你在赴任国遇到抢劫，怎么办？

回答思路：

第一，保证人身安全。在钱财和人身同时受到威胁的时候，首先要做到保证人身安全，所以乖乖把身上值钱的东西交出来是上上策。

第二，积极沟通，寻求帮助。在确定人身安全后，要第一时间报警（或联系同事帮忙报警），向警方说明事情发生的经过。同时第一时间联系任教学校负责人及志愿者管理教师，汇报自己遇到事情的经过，寻求多方帮助。

第三，认真反思，防患未然。事情发生后也要认真反思，有时候遇到抢劫或者盗窃，可能是因为运气确实太差碰上了；有时候也可能是因为有些志愿者教师不经意间露富，穿戴名牌服装或手表首饰。所以平时要尽量低调行事，避免成为偷盗抢劫的目标。

三、自然灾害类

> 例：在赴任国遇到地震、台风、火灾等，怎么办？

回答思路： 此类问题思路和社会治安类相似。

第一，保证人身安全。遇到这类问题，如果是在课堂上，要配合学校组织学生有序撤离，保障学生以及自己的人身安全。如果是在其他情境下，则要首先保障自身安全，寻找有利地势，紧急避险。

第二，积极沟通，寻求帮助。在确保暂时的人身安全后，要第一时间通过手机等方式联系到校方相关负责人，告知个人位置和目前处境，等待救援，并第一时间向志愿者管理教师汇报情况，如果情况十分紧急也可向当地使领馆求助。

第三，救援同事，报平安。在个人得到救援，确保安全后，要积极联系同学校、同学区或者附近的志愿者教师同事，协助当地同事展开积极救援，确保同事安全。等确保附近同事也都安全后，向志愿者管理教师汇报灾情以及所有志愿者处境，及时报平安。

四、紧急情况处理类

> 例：如果你第一次到国外赴任，坐飞机去，中间需要转机，可是第一架飞机误点了，你赶不上第二架飞机了，怎么办？

回答思路：

第一，积极沟通，寻求帮助。联系航空公司，向对方说明晚点带来的问题，并出示相关购票证明（或机票），要求航空公司按照规定给予改签。

第二，联系负责人，告知情况。初次赴任一般会有外方或中方负责人接机，因此，在和航空公司沟通后，要第一时间通过电话、微信、邮件等联系到接机人，告知晚点原因及新改签航班的抵达时间。

第三，多方联系，"曲线救国"。在联系不到接机人的情况下，可以联系志愿者管理教师、项目官员或者已经在赴任国工作的志愿者同事，请求他们帮忙联系。

A Course Book for the Selection of Volunteer Chinese Teachers

第十章

中华才艺

第一节 中华才艺概述

什么是中华才艺

中华才艺，顾名思义，即带有中华文化风格特点的才华与技艺。那么要了解中华才艺这一概念的具体内涵，我们就要先对"才艺"做一个详细注解。

"才"字在许慎《说文解字》中为"草木之初也"，本义是指草木初生，后来逐渐衍生出了才能杰出等诸多意思；"艺"者，有才能、技能等方面的含义，《周礼》中的"六艺"就包括了礼（礼仪）、乐（音乐）、射（射箭）、御（驾车）、书（识字）、数（计算）等六种技艺。由此可见，才艺即为才能与技艺二者的综合体。才能展现于外可为才华，技艺追溯本源乃是艺术，才艺可以说是人类勤劳智慧的细节呈现。

中华民族几千年文明发展史中，在饮食、服饰、诗歌、音乐、书画、舞蹈、医药、建筑等各个领域孕育了无数的优秀艺术典型和才华卓著的人物。绵延的中华文化不断地给予这些才艺鲜活的生长元素，使得中华才艺能够经久不衰，历久弥新。如果说才艺是人类文明的花朵，那中华才艺必然是群芳丛中的旖旎奇葩。中华才艺除了具备所有才艺共通的内涵之外，也时刻体现着中华文化的独特风格。它是传统文化的生动展现，但这不妨碍它成为新时代中华民族的一张名片；它是中华大地上的产物，但这也不妨碍它走向世界，把美好的体验呈现给所有人。

中华才艺源远流长，每一项具体的中华才艺自身都是一部生动的历史。比如中国画，人物绘画至汉魏六朝渐趋成熟，山水花鸟画自隋唐起独立成科，水墨画法流行于两宋，写意手法兴盛于元明……可知国画创作这一门中华才艺，是历代中华儿女在时间的长河里不断发展丰富的。再比如中国戏曲，国粹京剧在清朝乾隆年间四大徽班进京后才得以诞生，至民国达到鼎盛。然而中华民族的戏曲史远远早于清朝，自先秦"俳优"、汉代"百戏"一路到宋元的杂剧和南戏，直至清代各类地方戏曲空前繁荣，最终京剧应运而生。中国戏曲历史悠久、种类繁多，演唱京剧是中华才艺，那么演唱越剧、豫剧、昆曲、秦腔等又何尝不是？

中华才艺蔚为大观，除却纵向的历史演变，每一大类的才艺在横向之间也呈现了百花齐放的局面。就拿手工艺类的中华才艺来说，制陶制瓷、雕塑镂刻、编结刺绣、篆刻剪纸等各具魅力，以及民间的风筝、花灯、泥人面塑、吹糖人儿等更是特色鲜明。再比如说中华美食烹饪，食材选择上讲究色、香、意、形、养，刀工刀法上有平、斜、直、剖之分，四分火候，八大菜系，数十种调味品，这些因素综合在一起最后才做成一道道不同风味的中国菜。如此令人垂涎的中华才艺，实在是居家之必备技能！

中华才艺从悠久的历史中走来，深刻地影响现在和未来。中华才艺对于各行各业的影响不再赘述，这里只看它在汉语国际传播、对外汉语教学等方面的影响。它以其文化上的独特魅力和才艺上的美妙体验，吸引着全世界越来越多的人关注中国，学习汉语。中华才艺是中华文化的一种外在表现形式，在语言教学中，它既能激发学习者的学习兴趣，也可以帮助其了解汉语独有的一些文化词汇等。作为汉语国际教育专业的学生或者汉语教师，掌握一门乃至多门中华才艺，无论对自身素质提高还是工作开展都极具积极意义。尤其是即将走出国门的汉语教师志愿者们，所谓艺不压身，身怀高超的中华才艺有利于更好地适应环境，在跨文化交际和教学过程中都会起到更好的效果。

第二节　汉语教师志愿者的岗位需求

扫码购书

中华才艺，是指带有中华文化风格特点的才华与技艺。"中华"所蕴藉的意象博大精深，它是才艺的基石和底色，而才艺表现于外，可以生动具体地展现中华文化全方位的闪光点。中华才艺这一概念的内涵和外延都很广泛，那么对于汉语教师志愿者岗位来说，到底什么样的中华才艺才最对路数呢？我们可以先看看志愿者申请表①上已经给出的几个选项：

---

① 截图来自国家汉办汉语教师志愿者项目在线管理平台：http://vct.hanban.org

可以看出，在志愿者申请表上中华才艺和特长是放在一起的，明确给出10个选项，分别是武术、舞蹈、民族乐器、西洋乐器、声乐、书法、绘画、主持、摄影、新闻编辑，以及一个"其他"选项。这就意味着这十大类别的才艺特长是确定无误可以用来准备志愿者选拔考试的，我们要留心这一点。另外申请表上有明文备注"请选择最擅长的、有一定水平的、可以展示"的中华才艺、特长，以及"如有获奖或者考级，请说明"。那么在选择和准备才艺特长的时候，首先就要抓住这些特点和要求去做。既然我们的目标是通过选拔考试成为一名汉语教师志愿者，那么在准备的时候就要以官方信息作为指导。

我们从孔子学院总部/国家汉办公布的2018年志愿者岗位信息表中检索统计了中华才艺的相关信息，数据如下：

才艺类型	出现次数	才艺类型	出现次数
书法	436	古筝	13
武术	405	驾驶经验	12
舞蹈	386	茶艺	10
绘画	361	IT技术/电脑操作/计算机	10
民族乐器	357	二胡	7
新闻编辑	288	琵琶	6
摄影	286	剪纸	5
主持	215	网站/新媒体运营	5
声乐	200	烹饪、厨艺	4
西洋乐器	73	中国结	3
太极	26	京剧	2
中医（针灸、拔罐、推拿、按摩）	26	乒乓球	2
PS技术	13	折纸	1

从2018年全年的志愿者岗位信息表中可以得知，全球各大洲孔子学院、孔子课堂、教学点对志愿者的才艺特长需求不尽相同，其中以书法和武术这一文一武两种典型才艺出现的次数最多，最受欢迎。这个很好

主要才艺项目

扫码购书

理解，毕竟书法和武术既是中华文化的典型体现，又可以用于实际教学工作。紧随其后的几种才艺特长中，舞蹈、绘画和民族乐器都是传播中华文化、展示孔子学院风采的才艺，而新闻编辑、摄影、主持的特长也体现了汉语教师志愿者在海外的工作内容不单单是课堂教学，有时候也需要承担撰写新闻稿、主持活动和摄影等工作。声乐和西洋乐器这两类才艺特长在教学游戏和宣传活动中也都能收到良好的效果，音乐往往比语言更容易打破异文化间的隔阂。表格中其他各类才艺，譬如太极、中医、驾驶经验、IT技术、PS技术等，绝大多数志愿者岗位没有明确提出要求，出现的次数相对较少。但是有明确岗位申请意向的同学们要注意了，类似的相对冷门的才艺特长往往是某些岗位的刚需。譬如有一个岗位需要志愿者有驾驶经验，现在有两位志愿者来申请这个岗位，前者各方面都很优秀，但是没有驾驶经验，后者相对来说各方面不如前者，但是有驾照，那么后者最终被录用的可能性会更大一些。

通过对汉语教师志愿者岗位信息表的分析，我们要树立以岗位需求为导向的备考理念。所谓"天生我材必有用"，在这里就是要我们优先掌握岗位需要的才艺特长，如此才能够位得其人，人尽其才，适才适所，人事相宜。

第三节 选拔考试中的中华才艺

国家汉办颁布的《国际汉语教师标准》中提出汉语教师需要"掌握相关中华才艺，并能运用于教学实践"，在孔子学院总部／国家汉办官网汉语教师志愿者项目的介绍中也明确写到志愿者应"具备较好的汉语教学实践能力、外语沟通能力和跨文化交际能力，具有中华才艺专长"。因此在汉语教师志愿者选拔考试中，中华才艺在综合能力面试中牢牢占据一席之地，而且中华才艺也是充分展示个性特征和自我魅力的"加分项"。

接下来我们具体谈一谈在准备汉语教师志愿者选拔考试过程中，中华才艺环节经常会遇到的问题和应该注意的事项。

一、包饺子算不算中华才艺？

典型的中华才艺比如民族乐器、传统舞蹈、书法国画等，这些自不必讨论。已经掌握了这些才艺的同学们，志愿者面试时完全没必要担心中华才艺这个问题了。但毕竟我们大多数人不具有琴棋书画的童子功，对于一些专业性较强的艺术门类，没有三年五载的苦功夫很难得窥门径。专业才艺难以速成，为了考试便要另辟蹊径，因此也就产生了一些问题，例如打麻将算不算中华才艺，陶笛算不算中华才艺，包饺子算不算中华才艺……其实解决这些问题的方法不在于题目本身，而在于打消疑虑，用实际行动把疑问句变成一个肯定的陈述句。

众所周知，中华才艺这个概念的外延比较广泛，目前并没有一个清晰明确的标准去界定哪些才艺属于中华才艺、哪些才艺不属于中华才艺，所以不用怕，我们换一个思路来看待这个问题就会发现，这对我们应对考试来说是利大于弊的。作为志在必得要通过志愿者选拔考试的你，此时此刻想的应该是：有中华才艺要上，没有才艺创造才艺也要上。那么接下来我们就条分缕析地把问题解析一下。

汉语教师志愿者选拔考试中的中华才艺，我们可以视其具有"中华"和"才艺"两个属性。譬如说最常见的剪纸，如果你的剪纸玲珑剔透，巧夺天工，人见人夸，那么这就是剪纸"才艺"属性的呈现。然而世界上也并不只有中国人会剪纸，印度、日本也都有自己的剪纸，那为什么剪纸就是中华才艺呢？那是因为中国剪纸拥有悠久的历史，而且在2009年就入选了联合国教科文组织的人类非物质文化遗产名录。中国剪纸作为一种民俗反映了中华文化的审美情趣，这就是它的"中华"属性。当你理解了这一点，那选择和准备中华才艺应对考试的大致思路也就有了。

拿包饺子来举例，往大了说这叫中华厨艺，往小了说不过是"会做饭"三个字。但首先来说，饺子是中国的传统特色食品，"大寒小寒，吃饺子过年"。饺子虽然小，但象征意义不容小觑。所以说，饺子具有强烈的"中华"属性毋庸置疑。那接下来我们就要重点关注一下包饺子的"才艺"属性。

买了速冻饺子下锅煮熟，这不叫才艺。但如果你能把饺子包得精致可爱，干净利索，下锅煮还不"露馅儿"，这就可以叫才艺了。毕竟称得起"才艺"二字，就要有高于普通人的水平。当"中华"与"才艺"二者金风玉露相逢于包饺子这件事上时，那包饺子当然就是中华才艺了。需要提醒的是，在考试时并没有工具材料可以让你现场包饺子，口说无凭，有图也不一定有真相，那该怎么办？这就需要我们提前准备好录制的视频，现场放给考官看。可以让家人朋友用手机帮你拍摄录像，后期自己动手适当剪辑、配上音乐小特效等。在展示中华才艺的时候也顺便表明了自己还具有操作视频软件的特长。

再比如说走秀，现在无论是电视上还是生活中我们都很熟悉了，很多大学生联欢会上也常常看到同学们走秀的节目。如果我们提前学习一段时间台步并加以练习，虽然达不到专业水准，技术含量或许不足，但是扬长避短，凭借年轻的精神面貌、阳光开朗的青春气质，换上走秀的时装，配上恰当的节奏旋律，走出精气神来还是具有可行性的。至此，我们刚学会的这个走秀已经具备了才艺的属性。那我们再换一个思路，把走秀的时装换成汉服和唐装，一遍走完，现场再演示一番地道的中国拱手礼等传统礼仪动作，那么至少对于考试而言，这样一场"传统服饰+现代走秀"的经典时尚结合可以算是合格的中华才艺秀了。

所以，一项才艺到底算不算是中华才艺，概括地说就是要看它是否能很好地把"中华"和"才艺"两种属性结合到一起。这里所举的例子可供参考，但是别忘了"天生我人必有才"，你从来不缺少才艺，或许需要的仅仅是发掘更多才艺的脑洞。

二、我该选择哪些中华才艺？

汉语教师志愿者选拔考试的过程时间有限，我们备考的时间同样有限，那么在有限的时间内，能够合理高效地准备中华才艺就显得尤为重要。所谓合理高效主要在于两点，一是中华才艺学习掌握的程度，二是中华才艺现场展示的效果。做好这两点，面试时中华才艺平稳过关不在话下。

参考汉语教师志愿者项目在线管理平台上给出的中华才艺与特长的信息，我们收集了大量相关资料，经过精心整理筛选，按照才艺展示的方式分为"现场表演"和"实物展示"两类：

中华才艺与特长	
现场表演	实物（视频、照片、证书）展示
武术、太极拳、太极剑、八段锦等	书法、国画、漫画、剪纸、刻纸等
舞蹈，如：民族舞、秧歌舞等	中华厨艺，如：饺子、粽子、月饼、元宵等
民族乐器，如：古筝、琵琶、中阮、二胡、笛子等	节目主持、晚会主持、大赛主持等
西洋乐器，如：小提琴、吉他、尤克丽丽、竖笛、口琴等	摄影作品、纪录片、短视频、PS作品等
声乐、民歌、戏曲唱段、诗歌朗诵、吟诵等	乒乓球、围棋象棋、诗歌及其他文学作品等
手工，如：剪纸、折纸、简笔画、相声贯口、快板曲艺等	茶艺、插花、刺绣、十字绣、中国结等
传统服饰、民族服饰等	手工风筝、篆刻、泥塑、捏面人等

扫码购书

那么面对表格中众多的选项，该选择哪些中华才艺来应对考试呢？这个问题既要看个人兴趣爱好，也要看具体的岗位需求，不能一概而论。但也并非无从下手，这里有一个"1+1 > 2"的原则，值得大家注意。

所谓"1+1＞2"，一是在申请汉语教师志愿者项目时准备至少两个中华才艺。一方面，这一环节本身就是展示自己多才多艺的好机会，此时不秀，更待何时；另一方面，万一自带的乐器、服装等现场出了问题或者临时需要做调整，也不至于没有补救措施。

二是要注意自己选择的这几个才艺特长的组合兼容问题，比如"舞蹈+书法""武术+摄影"这样的动静结合效果就会比单一的静态展示要好。既有现场的真人表演，也有提前准备好的才艺作品展示，这样也会比只带着现成的样品好很多。

三是如果准备的中华才艺其中一个"中华"属性比较突出，那另一个就可以侧重于自身的兴趣特长，比如"京剧+乒乓球""太极拳+手工折纸"等，这样的才艺组合，既能服务于中华文化的传播，也能应用于实际的教学工作中。

总而言之，选择和展现中华才艺的原则就是尽可能多角度地表演和展示，让面试考官看到一个多才多艺、用心周到的你。

A Course Book for the Selection of Volunteer Chinese Teachers

赴任篇

编著者／主讲教师：

扫码阅读

内容提要

　　赴任篇分别从国家概况、孔子学院及相关教学情况、赴任前应该做哪些准备等方面整理了一些国家的赴任信息，并以在线电子资料的形式分享给读者，帮助大家提前了解、熟悉相关情况，以更好地适应赴任地的工作与生活。

卢 星

语言学博士在读，首批《国际汉语教师证书》持证教师，曾获孔子学院总部／国家汉办"优秀汉语教师志愿者"称号。

座右铭

Whatever is worth doing is worth doing well.

联系方式

124360898@qq.com

赵炳国

赞比亚大学孔子学院归国汉语教师志愿者，中央民族大学汉语国际教育硕士，对外汉语人俱乐部汉语教师志愿者选拔考试等课程讲师，目前任教于河北某高校国际合作与交流中心，担任留学生教学与管理工作。

座右铭

与有肝胆人共事，从无字句处读书。

联系方式

zbg1990@qq.com